KB104524

풍수지리요강

풍수지리요강

風水地理要綱

건축학자와 법학자가 함께 엮은 풍수지리 입문서

장백기 · 황정원 공저

자유문고

머리말

이 책은 풍수지리학風水地理學의 입문서入門書이다. 풍수지리학은 학설이 다양하여, 초보자가 풍수학 전체를 섭렵하기란 여간 어렵지 않다. 또 풍수학에는 전문용어가 많아서 처음부터 공부에 흥미를 잃게 하기도 한다. 그래서 풍수학에 등장하는 필수적인 용어를 중심으로 지리地理에 쉽게 접할 수 있는 입문서를 엮어보았다. 교재는 청淸나라 때 풍수의 대가였던 섭구승葉九升 선생의 『지리대성地理大成』을 교과서 삼아서 이른바 형기론形氣論과 이기론理氣論의 대강大綱을 정리해 보았다. 먼저 『산법전서山法全書』 중에서 「석명부釋名部」 전체를 번역하여 형기의 대강을 설명하고, 다시 별책別冊인 「이기사결理氣四訣」에서 필요한 부분을 발췌하여 이기의 핵심만을 정리하였다.

건축학이 전공인 저자가 풍수학의 대가이신 취은醉隱 백남수白南守 선생님을 만나서 풍수지리학을 처음 배운 지 벌써 30여년이 흘렀다. 세월이 흐를수록 타계하신 백 선생님의 고마운 학은이 더욱 더 절실해지면서, 그때 배운 지식을 후배들에게 전해주는 것이 그 은혜에 보답하는 길이라는 생각이 들어서, 비록 미흡하나마 이 책자를 출간하게 되었다.

풍수지리는 중국에서 시작된 오랜 학설 중의 하나이다. 흔히 장풍득수藏風得水하는 이론이라고 알려진 이 학문은, 땅속에 흐르는 진기眞氣를 조상의 유체遺體와 연결하여 그 지기地氣를 직계후손에게 접목시키는 방법을 모색하는 것이 핵심적인 내용이다. 한漢나라에서 자리를 잡기 시작한 풍수학은 청 말까지 전승 발전되었고, 우리나라에도 그 학문이 계수되어서 한동안 번창하였다. 신라 말기의 도선道詵국사와 조선 초기의 무학無學대사 이야기를 모르면 우리나라 사람이 아니라고 할 정도로 풍수지리는 우리와 가깝다. 인구가 늘어나면서 요즘은 시신을 화장하는 것을 일반적으로 장려하고 있어서, 종래의 음택陰宅풍수학은 별로 소용이 없어지고 있는 추세이다.

집안에 선산先山이 없으면 화장이나 수목장을 선호하겠지만, 선산이 있는 경우에는 여전히 음택풍수학이 필요하다. 국내의 큰 재벌들은 대부분 선조의 묘지를 잘 손질하고 있는 줄로 알려져 있고, 또 크게 성공하거나 고관에 오른 유명인사들은 대체로 선산에 관심이 많다는 이야기는 풍문으로 듣고 있다. 실제로 큰 재벌이라도 조상이 명당에서 지기를 얻지 못하면 3대 이상 유지하기가 힘들기 때문이다. 재벌이 현상을 유지하면 그 기업에서 생계를 유지하는 사람들이 안정된 삶을 누릴 수 있으니, 풍수지리학의 필요성은 현대에도 변함이 없다 하겠다. 요즘 명당明堂을 찾아서 이장하는 사례는 많이 줄었지만, 풍수지리학이 완전히 사멸死滅하도록 수수방관할 수 없는 이유는 이처럼 우리에게 매우 유익한 학문이기 때문이다. 또 아파트건축이 많아지자 주거환경과 관련하여 양택陽宅풍수학에 대한 관심이 점차 고조되고 있으니, 요즘 유행하는 대만의 현공풍수玄空風水가 그 대표적인 예라고 할 수 있겠다. 장차 풍수지리학의 발전을 기대하는 마음으로 머리말을 마친다.

아무쪼록 이 입문서가 지리地理에 입문하는 초학자들에게 도움이 되기를 바란다.

2014년 9월 부산에서

일지一地 장백기張百基

일러두기

1. 이 책은 독자가 읽고 이해하면 즉시 활용할 수 있도록 편집하였다. 교재는 청淸나라의 명풍名風인 섭구승葉九升의 『산법전서山法全書』와 『이기사결理氣四訣』을 선택하였다. 『청오경靑烏經』이나 『장경葬經』같은 풍수학의 고전은 번역본이 시중에 많이 있으므로 언급하지 않았다.

2. 제1편 총설과 제2편 형기론形氣論은 장백기 교수가 담당하고, 제3편 이기론理氣論은 황정원 교수가 정리하였다. 섭구승 선생의 교재에서 필요한 부분을 발췌하여 번역하였으며, 공동 저술로 인하여 생기는 모순이 없도록 번역자의 사견은 일체 언급하지 않았다.

3. 풍수용어는 전문적인 것이므로 풀어쓰지 않고 그대로 사용하였다. 특히 형세形勢를 설명하는 풍수이론은 오해의 소지가 있으므로 원칙상 원문을 전부 실어두었다. 또 편자編者들이 공부할 시절에는 원문을 외우는 것이 필수였다.

4. 한자漢字는 우리 동이東夷족이 중국을 지배하던 은殷나라 때에 사용한 것이니 원래 우리민족의 창작물이다. 본문에서 한자를 표기한 방법이 일정하지 않고 다양한 것은 그런 이유이니 부디 오해가 없기를 바란다.

제1편

총설 總說

제1장 생기生氣

地理之主葬 不過乘生氣而已 生氣者 從陰陽交媾 水火旣濟 中出者也
一有偏枯 生氣便索 愈偏愈索 偏生純陰純火 則成尖利之殺氣 偏至純
陽純水 則成散漫之死氣 純陰純水 則爲擁腫之病氣 純陽純火 則爲枯
索之敗氣 四種惡氣 俱不可犯 故察生氣爲第一義也

지리地理의 주장主葬은 생기生氣를 타는 것에 불과하다. 생기는 음양陰
陽의 교구交媾와 수화기제水火旣濟 중에서 나오는 것이다. 그러나 한
쪽이 치우쳐서 말라버리면, 생기는 문득 막힌다. 치우치면 치우칠수록
더 막힌다. 치우쳐서 순음순화純陰純火가 되면 날카롭고 예리한 살기殺
氣가 되고, 치우쳐서 순양순수純陽純水가 되면 산만한 사기死氣가 되며,
순음순수純陰純水는 붓고 막히는 병기病氣가 되고, 순양순화純陽純火
는 말라서 막히는 패기敗氣가 된다. 이 네 가지 악기惡氣는 모두 범해서
는 안 된다. 그러므로 생기를 관찰하는 것이 제일 중요한 것이다.

生氣不可言傳 止可目識 識得生氣 則不必能認星辰 分枝幹 察穴情
辨砂水 而爲人下穴 決無不當 何也 蓋種種等法 不過爲求生氣而設
旣得生氣 則諸法原可不論矣 吾嘗言生氣一門 猶釋氏之有禪 單刀直
入 便得佛頂三昧 更不必置片言隻字者也 但生氣二字 古經罕言 惟郭
氏發之 司馬頭他論之 餘仙俱不說及 非不欲言 難言也

생기生氣는 말로 전할 수가 없다. 단지 눈으로만 알 수 있다. 생기를 알면, 성신星辰을 분간하거나 지간枝幹을 구분하고, 혈정穴情을 관찰하거나 사수砂水를 반드시 분별하지 않아도, 사람을 위하여 하혈下穴하는 데에 결코 부당함이 없다. 왜냐? 여러 가지 법식은 생기를 구하고자 논리를 세운 것에 불과하기 때문이다. 이미 생기를 얻은 이상 모든 법식은 따질 필요가 없다. 생기라는 것은 마치 불교의 선禪과 같다. 단도직입으로, 바로 불정삼매佛頂三昧를 얻으면 더 이상 말과 글이 필요가 없다. 하지만 고경古經에는 생기라는 두 글자를 언급한 것이 드물고, 오직 곽씨郭氏만이 발설하였고,[1] 사마두타司馬頭陀가[2] 그것을 논하였다. 나머지 신선들은 대개 언급하지 않았는데, 말하고 싶지 않은 것이 아니라, 말하기가 어렵기 때문이다.

雖然 生氣不可言傳 今旣言生氣 吾且故言之 生氣之所在 其形色土石 亦有可見者 其形則生動而不蠢死 其色則光彩而不暗晦 其土則堅潤 而不鬆散 其石則細膩而不燥骹 此其可言者也 與不可言者 亦可從此 而漸明

비록 생기가 말로는 전달되지 않는 것이지만, 이미 생기를 언급하였으

---

1 곽박郭璞은 진(晉: 280년 통일)나라 때의 풍수학자로 『장경』(葬經: 일명 금낭경錦囊 經)을 저술하였다.

2 사마두타司馬頭陀는 송宋나라 철종哲宗 때의 승려로 성은 유劉 이름은 참첨이고 두타頭陀달승달승達僧은 호號이다. 풍수지리와 관상에 능하며 백장百丈 회해선사懷海 禪師와의 대위산大潙山 절터에 대한 이야기는 유명하다.

므로 설명해 보고자 한다. 생기가 있는 곳의 형색形色과 토석土石은 볼 수가 있는 것이다. 그 형태는 생동하며 죽지 않았고, 그 색은 광채가 나며 어둡지 않으며, 그 흙은 단단하고 윤기가 있으며 거칠고 흩어지지 않고, 그 돌은 작고 기름지며 불타고 마르지 않는다. 이것은 말로써 설명할 수 있는 것이다. 말로써 할 수 없는 부분도 이로부터 점차 명확해질 것이다.

凡龍有生氣則吉 穴有生氣則眞 砂有生氣則有淸 水有生氣則澄聚 故 生氣爲要也 堪輿者能認生氣 則地理無餘事矣

무릇 용龍에 생기가 있으면 길하고, 혈穴에 생기가 있으면 진짜이고, 사砂에 생기가 있으면 맑고, 수水에 생기가 있으면 맑은 물이 모인다. 그러므로 생기는 중요한 것이니, 풍수지리학자〔堪輿者〕가 생기를 분간할 수 있으면 지리地理에서 더 할 일이 없는 것이다.

제2장 음양陰陽

陰陽字 地理家之神髓 了得此二者 則觸目便通 無難事矣 蓋地理之 道 不過陰中求陽 陽中覓陰而已 凡龍穴砂水四者 俱要辨其陰陽 而 論峽論穴尤緊 將次論峽與穴 故于此先辨明焉 但陰陽有楊廖二說 兩家相反

음양陰陽은 지리가地理家의 신비한 진수이다. 음양 두 글자를 분명히 알면, 눈으로 보기만 하여도 통달하여 어려운 일이 없다. 무릇 지리의 도道는 음 중에서 양을 구하거나 양 중에서 음을 구하는 것에 불과하다. 무릇 용龍·혈穴·사砂·수水 네 가지는 모두 그 음양을 분별하여야 하는데, 특히 협峽과 혈穴을 논하는 부분에서는 더욱 중요하다.

장차 협과 혈을 논해야 하므로, 여기에서 먼저 명확히 분별하여야 한다. 그러나 음양을 판단하는 방법에 양공楊公과 료공廖公의 두 가지 설이 있는데, 양가는 서로 상반된다.

楊以龍之高峻起脊瘦勁爲陰 以穴之覆掌乳突爲陰 以砂之突背邊爲陰 以水之長狹急流處爲陰 陰者剛而雄也 以龍之低平坦夷肥潤爲陽 以穴之仰掌窩鉗爲陽 以砂之曲面邊爲陽 以水之圓澗澄聚處爲陽 陽者柔而雌也

양공楊公은[3] 용龍은 높고 험준하고 등성마루〔脊〕를 일으키고, 가늘면서도 굳센 힘이 있는 것을 음陰으로 본다. 또 혈穴은 복장覆掌과 유돌乳突을 음이라 하며, 사砂는 튀어나온 뒷부분〔突背邊〕을 음이라 보고, 수水는 길고 좁은 급류가 있는 곳을 음이라 한다. 즉 음은 굳세고 강한 것이라고 하였다. 용이 낮고 평탄하며 비옥하고 넓은 곳을 양陽으

---

3 양균송楊筠松은 당唐나라 희종僖宗때의 국사國師로서 균송筠松은 자字이고 이름은 익益이며 호號를 구빈救貧이라고 한다. 풍수학을 정립한 조사로 일컬어지며 『감룡경撼龍經』, 『의룡경疑龍經』, 『입추부立錐賦』 등 많은 저술을 남겼다.

로 보고, 혈穴은 앙장仰掌과 와겸窩鉗을 양이라 하며, 사砂는 굽어진 앞부분〔曲面邊〕을 양으로 보고, 수水는 둥근 계곡에 맑은 물이 모이는 곳을 양이라 한다. 즉 양은 부드럽고 연약한 것이라고 하였다.

龍要陰陽間行 陽龍要陰穴 陰龍要陽穴 穴要陰內含陽 乳突上開凹 陽內生陰 窩鉗內生突 砂要陽面向穴 陰背當風 水要陽聚面前 陰作來 源去口 此則爲陰陽相生 牝牡交媾始爲生氣也

용龍은 음양 사이를 행行하여야 한다. 양룡陽龍은 음혈陰穴을 얻어야 하고, 음룡陰龍은 양혈陽穴을 얻어야 한다. 혈穴은 음 안에 양을 품으려 하여 유돌乳突의 위에 요凹가 오목하게 열리고, 양 안에 음을 만들고자 하여 와겸窩鉗의 안에 돌突이 생긴다. 사砂는 양면陽面이 혈을 향해야 하고, 음은 등으로 바람을 막아야 한다. 수水는 양이 앞에 모이게 하고, 음은 내원來源과 거구去口가 되어야 한다. 이것이 음양이 상생하는 것이다. 암수가 교구交媾하여야 비로소 생기生氣한다.

大抵陰剛則帶罡煞 陽柔則恐散漫 故不宜偏勝 但作穴之場 則喜陽多 陰少 主星宜開面舒陽 不宜頑罡 四山宜陽面向穴 不宜反背 明堂宜平 圓 忌直狹 水宜澄聚 忌直射 立在穴中 滿目俱見陽氣爲吉 若一處見 陰便是刑殺 宜避也

대체로 음은 강하여 강살罡煞을 띠고, 양은 부드러워 산만함을 두려워한다. 그래서 한쪽으로 치우치는 것은 적절하지 않다. 하지만 혈穴을

만드는 장소에는 양이 많고 음이 적은 것이 좋다. 주성主星은 마땅히
면전을 열어 양을 펴는 것이 좋고, 완강頑罡한 것은 나쁘다. 사방의
산은 양이 혈을 마주보는 것이 좋고, 반대로 등지는 것은 나쁘다.
명당은 평평하고 둥글면 좋고, 곧고 협소한 것은 꺼린다. 수水는 맑은
물이 모이는 곳이 좋고, 바로 쏘는 직사直射를 꺼린다. 혈의 중간에
섰을 때 시야에 가득히 양기가 들어오는 것이 길하다. 만약 한 곳이라도
음이 보이면 바로 형살刑殺이니 마땅히 피해야 한다.

廖公以剛雄爲陽 柔雌爲陰 故與楊公之說反 以用法寔不相遠也 讀二
公書者 宜分解陰陽雄雌 楊以柔夷爲陽爲雄 剛急爲陰爲雌 廖以剛雄
宜爲陽 柔雌宜爲陰 故反楊說 廖說不爲無理 但所見膚淺耳
朱文公曰 天之道 陽剛而陰柔 故陽雄而陰雌 地之道 陰剛而陽柔 故
陰雄而陽雌 天地二道相反者也 廖公不知天道地道之不同 將地理俱
以天道陰陽論 故云爾也 楊說是萬世不易正論 如天下平陽曰平陽豈
曰平陰乎

료공廖公은[4] 강웅剛雄을 양으로 보고, 유자柔雌는 음으로 보아서, 양공
楊公의 설과는 상반되지만 용법은 실로 많이 다르지 않다. 두 사람의
책을 읽을 때에는 마땅히 음양陰陽과 자웅雌雄을 구분하여 이해하여야
한다. 양공은 유이柔夷를 양陽과 웅雄으로 보고, 강급剛急을 음陰과

---

4 료금정廖金精은 당唐나라 때의 유명한 풍수학자로『설천기泄天機』,『발사경撥砂經』
  등을 지었다.

자雌로 여겼다. 료공은 강웅을 당연히 양이라 보고, 유자를 당연히 음으로 여겼다. 그래서 양공의 설과 반대되는 료공의 설은 이치가 없는 것은 아니다. 단지 그 소견이 얕을 뿐이다.

주문공朱文公이 말하였다. "하늘의 도道에서 양은 강하고 음은 부드럽기 때문에 양은 웅雄인 반면에 음은 자雌이다. 땅의 도에서 음은 강하고, 양은 부드럽기 때문에 음은 웅이고 양은 자이다. 천지天地 두 가지 도는 상반된다." 료공은 천도天道와 지도地道가 다름을 알지 못해서 지리를 모두 천도음양天道陰陽으로 논하였으므로, 그렇게 말한 것이다. 양공의 설명은 만세萬世 동안 변하지 않는 정론이다. 마치 천하가 평양平陽을 평양이라고 하는 것과 같은데 어찌 평음平陰이라 하겠는가.

廖公以凸起爲陽 凹下爲陰 其論四象 取脉息窟突四者 爲老陰老陽 少陰少陽 窟者窩凹也 爲老陰 突者水泡也 爲老陽 脈者突上之微凹 爲少陰 息者窟內之微突 爲少陽

료공은 철기凸起를 양이라 하고, 요하凹下를 음이라 한다. 사상四象을 논하면서 맥脉·식息·굴窟·돌突 네 가지를 얻으면 노음老陰·노양老陽·소음少陰·소양少陽이라고 한다. 굴窟은 와요窩凹이며, 노음老陰이다. 돌突은 물거품이며 노양老陽이 된다. 맥脈은 돌突 위에 약간 오목한 것으로 소음少陰이 된다. 식息은 굴窟 안에 약간 튀어나온 것으로 소양少陽이 된다.

제3장 용혈사수龍穴砂水

堪輿之說 槪而言之 不過龍穴砂水四法而已

지리地理에 대한 학설을 요약하여 말한다면 용龍·혈穴·사砂·수水 네 가지에 불과하다.

然言龍則 有祖宗父母 枝幹主從 退卸博換 過峽穿田法 言穴則有穴星 穴形穴情 太極圓暈 羅紋土宿等法 言砂則有前朝後坐 左龍右虎 官鬼 禽曜 捍門華表等法 言水則 有來源水口水城明堂等法

그런데, 용龍에는 조종부모祖宗父母·지간주종枝幹主從·퇴사박환退卸博換·과협천전過峽穿田의 법이 있고, 혈穴에는 혈성穴星·혈형穴形·혈정穴情·태극원훈太極圓暈·나문토수羅紋土宿 등의 법이 있으며, 사砂에는 전조후좌前朝後坐·좌룡우호左龍右虎·관귀금요官鬼禽曜·한문화표捍門華表 등의 법이 있고, 수水에는 내원來源·수구水口·수성水城·명당明堂 등의 법이 있다.

使不一一釋明於前 則不特不能入道 且不解讀古人書矣 余於龍法則 括之以星辰 枝幹 形格 化氣 四種 于穴法則括之以正形正象 奇形怪 穴 二種 于葬法則括之以正葬 開鑿堆培 二種 於砂法則括之以結作砂 用砂 秀砂 三種 于水法則括之以配龍水 明堂 水城 三種 四法各爲專 部 並不自立議論

지리地理에서 사용하는 전문용어를 하나하나 미리 정확하게 알지 못하면, 지리의 도에 들어갈 수 없을 뿐만 아니라, 고인의 서적을 해독하지도 못한다. 나는, 용법龍法은 성신星辰·지간枝幹·형격形格·화기化氣의 네 가지로 묶고, 혈법穴法은 정형正形·정상正象과 기형奇形·괴혈怪穴의 두 가지로 묶고, 장법葬法은 정장正葬과 개착開鑿[5]퇴배堆培[6]의 두 가지로 묶고, 사법砂法은 결작사結作砂·용사用砂·수사秀砂의 세 가지로 묶고, 수법水法은 배룡수配龍水·명당明堂·수성水城의 세 가지로 묶었다. 이상의 네 가지 법은 각각 전문 분야가 될 수도 있지만, 그중 하나만 논의할 수는 없다.

俱取古仙最精最妙 眞知寔見之說 疏明于下 使人由此而了明山川之眞性情眞結作 其人久久得悟 自能豁然于心 了然于目 覓龍求穴 探囊取物 始信地理之果有一眞道也 今將諸部名目先釋于下 以便讀後之諸書云

모두 고선古仙들의 가장 정미롭고 오묘한 진지眞知인 진실한 견해를 취하여 조목조목 상세하게 밝혀서, 사람들이 산천의 참된 성정性情과 바른 결작結作을 분명하게 이해하도록 하고, 그들이 오랫동안 공부하면 깨달아서 저절로 마음에 활연하고 눈으로 보되 명백하게 알게 되어, 용을 찾고 혈을 구하는 것이 주머니에서 물건을 찾듯이 하려고

---

5 開鑿: 산을 뚫거나 땅을 파냄.

6 堆培: 흙을 돋우거나 언덕을 만듦.

한다. 이리하면 풍수지리의 성과成果에는 하나의 참된 도가 있음을 믿게 될 것이다. 이제 여러 부분의 명칭과 조목을 해석하려고 하니, 이것은 후에 모든 지리서를 읽기에 편리하게 하고자 함이다.

제4장 만두巒頭와 이기理氣

余讀古經地理之書 其論巒頭者 則謂巒頭重而理氣輕 論理氣者 則謂理氣精而巒頭淺 聚訟紛紛 幾成矛戟 不知有巒頭而無理氣 則乘眞截僞 收水向配之功廢 執理氣而背巒頭 則眞龍眞穴眞砂眞水之情以違殊失青囊之本旨矣

蓋有形斯有氣 有氣斯有理 因形以察氣 因氣以論理 一體一用 不得偏廢者也 但古集雖多 而二者不申論 以致一本兩歧 而眞道不明于世矣 余故集巒頭理氣 幷取作法 以期合爲一篇 體用兼擧 本末一貫 庶無偏而不擧之患云

내가 읽은 지리에 관한 오래된 경전을 보면, 그중에서 만두巒頭를 논한 책은 만두만 중요하게 말하면서 이기理氣는 가볍게 여기고, 이기를 논한 책은 이기를 자세하게 말하면서도 만두는 얕잡아 본다. 서로가 말이 많고 의견이 분분하니 어찌 서로 창을 겨누는 꼴이 아니겠는가. 만두는 있으나 이기가 없으면 진기眞氣를 타고 위기僞氣를 잘라버리는 수수향배收水向配[7]의 공공功功이 없어지고, 이기만 고집하고 만두를 등지

면 진룡眞龍·진혈眞穴·진사眞砂·진수眞水의 성정性情에 어긋나서『청
낭青囊』의 본지를 잃어버리게 된다는 사실을 모르고 있다.

대개 형체形體가 있으면 기氣가 있고, 기가 있으면 이치理致가 있다.
형체로 인해 기를 살피고, 기로 인해 이치를 논한다. 하나는 체體요
하나는 용用이니, 어느 한 쪽도 소홀히 해서는 안 된다. 옛날부터
집적된 내용들이 비록 많기는 하지만 양자가 논으로서 일관되게 꿰어
지지 않으면, 하나의 근본이 두 갈래로 나뉘어져서 참된 도가 세상에
알려질 수 없게 될 것이다.

그러므로 나는 만두巒頭와 이기理氣를 모으고 작법作法과 합쳐 한
편으로 만들어서, 체와 용을 아울러 세웠으며, 처음과 끝을 일관하였
다. 부디 편벽되어서 한 쪽을 소홀하게 하는 후환이 일어나지 않기를
바란다.

제5장 망기望氣

望氣者 望山川所升之氣 以辨其龍之結作也 太祖之上 于夏秋之交
雨霽之後 丑寅之時 必有上升之氣 宜于此時望之 氣之發從山嶺直起
冲上 下小上大如傘 此爲眞氣 若橫于山腰者 乃雲霧之氣 非眞氣之發
也 氣淸奇者貴 肥濁者富 端正者出文 偏斜者出武 色赤黃爲上 淸白

---

7 收水向配: 명당에서 물의 흐름을 보고 향을 잡는 것.

黑次之 其詳具天機素書

망기望氣는 산천의 상승하는 기를 바라보고, 그 용龍의 결작結作을 분별하는 것이다. 태조太祖의 위에는 여름과 가을이 교차할 때에 비가 멎고 날이 갠 후, 축시와 인시에 반드시 위로 상승하는 기가 있으니, 이 시간에 바라보는 것이 좋다. 기는 산꼭대기에서부터 곧게 일어나 위를 향해서 올라가는데, 아래는 작고 위는 커서 우산과 같은 모양이면 이것이 진기眞氣이다. 만약 산 중턱에 가로 놓여 있으면 운무의 기이니, 진기가 나온 것이 아니다. 기가 맑고 기이하면 귀貴하고, 비옥하고 탁하면 부富하고, 단정하면 문사文士가 나오고, 치우쳐 기울면 무인武人이 나온다. 적색과 황색이 좋고, 청색·백색·흑색은 그 다음이다. 그 자세한 내용은 『천기소서天機素書』에 나와 있다.

제6장 여기餘氣

餘氣有二種 有大餘氣 乃大龍大結之後 其餘氣行去 再去結小地者是也 有小餘氣 乃穴星下之脣氣平坦之裀褥是也 大餘氣惟大龍方有 或極旺之龍亦有 然亦無可也 若小餘氣 乃必不可少者 若無餘氣 係龍氣薄弱 決少人丁

여기餘氣에는 두 종류가 있다. 대여기大餘氣는 대룡大龍이 크게 결작한 후에 그 여기가 나아가다가 다시 소지小地를 만드는 것이다. 소여기小餘

氣는 혈성穴星 아래에 입술처럼 드러난 순기脣氣나 평평한 이불 같은
인욕裀褥이 그것이다. 대여기는 오직 대룡에만 있으며, 혹은 매우
왕성한 용이 있는 곳에도 있는데, 그러나 없을 수도 있다. 그러나
소여기라면 반드시 기운이 적어서는 안 되는 것이니, 만약 여기가
없으면, 용의 기운이 얇고 약해서 반드시 후손이 적다.

제7장 상수嘗水

水味可以知地脈之美惡 故有嘗水之法 平陽平岡而出澗水 須嘗其井
泉 高山則嘗其溪澗 須于多晴後嘗之 老山之中 難以登臨 須遂澗嘗其
水 其水香甛 則此上有好穴 若水淡無味 其中不結穴也 凡水以香爲貴
甛爲富厚人丁 若甛而帶辣 則出武貴 若味帶酸苦 皆不爲吉之所也
又水喜淸忌濁 冬宜溫 夏宜冷爲妙 論詳于後 昔吳公嘗朱夫子祖地
有翰墨香 爲朱氏扦北地 斷曰 當出一賢人 聰明如孔子

물맛으로 지맥地脈의 좋고 나쁜 것을 알 수 있기 때문에 물맛을 보고
생기를 알아보는 상수법嘗水法이 있다. 평양平陽[8]이나 평강平岡[9]에서
는 골짜기의 물이 나오는데, 반드시 우물물의 맛을 보아야 한다. 높은
산에서는 시냇물의 맛을 보는데, 반드시 하늘이 며칠 동안 계속 맑게

---

8 平陽=平洋: 산이 아니고 들에 가까운 평지.
9 平岡=平崗: 논밭이 있는 언덕지대.

갠 후에 맛을 보아야 한다. 깊은 산에서는 산을 오르기가 어렵기 때문에 계곡을 따라 올라가면서 그 물맛을 본다. 물맛이 향기롭고 달면 바로 그 위에 좋은 혈穴이 있다. 만약 물이 싱겁고 맛이 없으면, 거기에는 혈이 맺히지 않은 것이다. 무릇 물맛은 향기로운 것을 귀하게 여기고, 단 것을 부富하고 자손이 많은 것으로 여긴다. 만약 달면서 매운 맛이 있으면, 귀한 무인이 나온다. 만약 맛이 시고 쓰면, 모두 길한 곳이 아니다. 또한 물은 맑은 것을 좋아하고, 흐린 것을 싫어한다. 겨울에는 따뜻하고, 여름에는 차가운 것이 좋은 것이다. 자세한 것은 후에 논하겠다. 옛날 오공吳公[10]은 주자朱子의 조지祖地에서 물맛을 보고 붓과 먹의 향이 나므로, 판단하기를 "공자와 같이 총명한 현인이 나올 것이다"라고 하였다.

제8장 변토석辨土石

天機素書曰 夫腰耳腦 乘氣有異 而水土石 結穴亦殊 穴結水中 用土築成而葬 古來只有無錫華氏祖地 地名鵝肚蕩 此外無聞 則亦不得言水中無穴也 至石穴在在有之 不可勝紀 何今人言石非穴也 土石砂三者 氣到俱能成穴 石穴最淸貴有力量 土穴次之 砂穴爲下 凡石要細膩可鑿 土要見寔難鋤 石而剛燥 土而鬆散 皆不爲吉 色要紅黃白爲上

---

10 오경란吳景鸞은 송宋나라 때의 국사國師이자 풍수학자로서 『망룡경望龍經』, 『도법쌍담道法雙談』 등의 저자이다.

靑次之 黑爲下 然以質爲主 色次之 質若堅寔細膩光澤 卽靑色亦是好
土 若鬆散虛浮 卽紅黃亦不吉矣

『천기소서』에서 말하기를, "무릇 요腰·이耳·뇌腦는 기를 타는 것이
서로 다르며, 수水·토土·석石 또한 혈을 맺는 것에 차이가 있다"고
하였다. 혈이 수중水中에 맺어지면, 흙으로 성을 쌓아서 장사를 지낸
다. 옛날부터 무석화씨無錫華氏의 조지祖地에만 수중에 혈이 있다고
하는데, 지명은 아순탕鵝肫蕩이라 한다. 그 외에는 수중혈水中穴은
들어보지 못했다. 그렇다고 수중에 혈이 없다고 말할 수는 없다. 석혈石
穴은 도처에 있으므로 모두 다 기록할 수가 할 수 없는데, 요즘 사람들은
어찌하여 "석石은 혈이 아니라"고 하는가? 토土·석石·사砂 세 가지는
기가 흐르면 모두 혈을 이룰 수 있다. 석혈이 가장 맑고 귀하며 힘이
있고, 토혈土穴은 그 다음이며, 사혈砂穴은 하급이다. 무릇 석石은
가늘고 매끄러워서 뚫기 좋아야 하고, 토土는 견고하여 파기 어려워야
한다. 석石이 단단하고 건조하거나 토土가 거칠고 흩어지는 것은 모두
길하지 못하다. 색은 홍紅·황黃·백白이 좋고, 청靑이 그 다음이며,
흑黑이 가장 하급이다. 그러나 토질이 가장 중요하며, 색은 그 다음이
다. 토질이 만약 견고하고 가늘며 매끄럽고 윤이 나면 청색이라도
좋은 흙이다. 만약 거칠고 흩어지며 허하고 뜨면 홍색이나 황색이라
하더라도 불길하다.

故人點穴 不論土石 今人大以石爲忌 凡見石穴不以指明 以其招訪多

32

是非也 但可以土穴與之 今言石穴者爲明理自求地者 說一可以得美
地 二可以省財物 三可以易圖謀 石穴乃福貧人之妙物也

옛 사람들은 점혈點穴할 때, 토土와 석石에 대해서 논하지 않았다.
오늘날의 사람은 석石을 매우 꺼려하여 석혈을 보면 명확하게 지적하지
도 못하면서 비방하며 시비가 많다. 다만 토혈만 취급하고 있다. 오늘날
에 석혈을 이야기하는 사람은 이치를 밝혀 스스로 땅을 구하는 사람뿐
이다. 말하기를, 첫 번째로는 미지美地를 얻을 수 있어야 하고, 두
번째로는 재물을 사용할 여유가 있어야 하고, 세 번째로는 도모圖謀할
수 있어야 한다고 한다. 석혈은 복 있는 가난한 사람의 묘물妙物이다.

氣之流行 入水火 貫金石 何堅不入 何處不存 豈以砂石而氣不敢入也
氣旣入 則有何不可葬 今人往往厭棄 皆由不明生氣流行之故也 石穴
廖公撥砂經說得甚明 宜細玩 今附數段于後

기의 유행流行은 물이나 불에도 들어가고, 금석도 관통한다. 아무리
단단해도 들어가고, 기가 없는 곳은 없으니, 어찌 모래나 돌이라고
해서 기가 들어가지 못하는 곳이 있겠는가! 기가 이미 들어가 있다면
어찌 매장하지 못하겠는가! 오늘날 사람들은, 생기가 유행하는 도리를
모두 밝게 알지 못하기 때문에, 때때로 싫어하고 버린다. 료공은 『발사
경撥砂經』에서 석혈을 분명하게 잘 설명해 놓았다. 마땅히 깊이 연구해
보아야 하므로, 몇 구절을 뒤에 덧붙인다.

廖金精曰 葬經謂石之不可葬者 謂其堅確磽薄 若分片段然者 生氣不
存 不可葬也 此特礌碏嵯峨 嫌于燥燄 凶塊利刺 眞可懼矣 若渾淪成
質 五吉現形 誠吉葬也 蓋生氣潛藏 何堅不存 況石乃地之骨 豈有有
骨而無髓者哉

又曰 環會之山 多是石體 而中有一枝具土成星作穴 亦不廢其貴 貴亦
清也 環會之山多是土體 而中有一枝土石參錯成星作穴 亦不廢其貴
貴而富也 蓋石內筋骨之類 土爲血肉之用 筋骨之類 性情淸逸 血肉之
用 性情重濁

又曰 山之質 土石二者而已 非石不立 非土不化 但其出面有偏全耳
星體旣吉 生氣潛藏 造化揪斂雖純 不皆吉葬也

又曰 土山石穴 後龍穴星皆土體 而成穴處乃純石 固爲石穴 或穴星土
石參半 則穴掘循其石 以石成暈 石具氣亦具 亦爲土山石穴 非迎合其
市也

료금정廖金精이 말하기를 "『장경葬經』에서 이르기를 돌에 매장할 수
없는 것은 석질이 너무 단단하고 얇은 경우이다"라고 하였다. 만약
돌이 조각조각으로 부서진다면 생기生氣를 보존할 수 없어서 매장할
수 없다. 특히 여러 가지 잡색의 돌이 제멋대로 삐죽 삐죽 솟았거나,
불꽃처럼 건조한 것은 싫어한다. 흉하게 생기고 날카롭게 생긴 것은
진실로 두려워할만하다. 그러나 만약에 혼륜渾淪한 것이 질質을 이루
어 다섯 가지 길한 형태가 나타나면 참으로 길장吉葬이다. "무릇 생기는
속에 간직되는 것인데, 어찌 견고한 것에도 보존되지 않겠는가! 게다가

돌은 땅의 뼈인데, 어찌 뼈는 있으나 골수가 없다고 하겠는가!"
또 말하였다. 산이 둘러싸고 모인 곳에 석체石體가 많으면 그중에
한 지룡枝龍의 토土가 있어서 성星을 이루어 혈을 만들면, 그 귀貴를
폐기하지 않으니, 귀貴하고도 청청淸하다. 산이 둘러싸고 모인 곳에
토체土體가 많으면 그중에 한 지룡의 토土와 석석이 뒤섞여서 성星을
이루고 혈을 만들면, 그 귀貴를 폐기하지 않으니, 귀貴하고도 부富하다.
대개 석石은 근골筋骨의 종류이고 토土는 혈육血肉의 용도가 된다.
근골의 종류는 성정이 맑고 뛰어나고, 혈육의 용도는 성정이 무겁고
탁하다.

또 말하였다. 산의 질은 토土와 석石 두 가지 뿐으로 석石이 아니면
세우지 못하고, 토土가 아니면 변화하지 못한다. 그러나 그것이 나타남
에는 치우침과 완전함이 있는 것이다. 성체星體가 이미 길하고 생기를
속에 감추었으며, 조화를 모으고 거두어들임이 비록 순수하다 하더라
도, 모두 다 길장吉葬인 것은 아니다.

또 말하였다. 토산석혈土山石穴에서, 뒤쪽의 용과 혈성이 모두 토체土
體이고, 혈을 이루는 곳이 순전히 석石이면 틀림없이 석혈이다. 혹
혈성穴星에 토土와 석石이 반반이면 혈을 파되 돌을 빙 두르게 하여서
돌로 무리를 만든다. 석石이 모양을 갖추면 기도 또한 갖추어진다.
그것도 역시 토산석혈이다. 결코 영합한 것이 아니다.

玉彈子云 亦有穴結石中 鑿出無土 旺方取土 謂之併葬 記師口訣曰
凡頑石塊 石嘴靑黑無縫 不受鋤鑿則不可葬 若可鋤可鑿 石體細膩

紅黃潤澤 此穴土之剛者 不得以爲石而棄之也

觀諸賢之言 則石之可葬如此 今人一槪棄之 而時師只點于石盡氣絶
之所 以致敗絶 良可嘆也

『옥탄자玉彈子』에서 말하기를, "또한 석중石中에 혈을 맺었으나 돌을
뚫어도 나오는 흙이 없을 때에는 왕방旺方[11]에서 흙을 가져 오는데
이것을 병장倂葬이라 한다"라고 하였다. 구결에 말하되, "무릇 완악한
돌덩어리나 돌부리가 청흑靑黑색으로 솔기[12]가 없어서 괭이로 뚫리지
않으면 장사를 지낼 수 없다. 만약 괭이로 파서 뚫을 수 있고, 석체石體가
부드럽고 매끄러우며 홍색이나 황색으로 윤기가 있으면, 이것은 혈토
穴土의 강강剛이니, 돌이라고 폐기하면 아니 된다."

현명한 사람들의 말을 살펴보면, 돌에 장사지낼 수 있는 법이 이와
같은데, 오늘날 사람들은 그것을 전부 폐기하고 있다. 요즘의 지사地師
들이 단지 돌의 다하고 기가 끊어진 곳을 점지하여 패절敗絶에 이르게
하니, 참으로 탄식할 일이다.

論土色 葬書以細而堅 潤而不澤 及五土四備爲美 然地理以形爲主
形吉而土美 則爲上吉 形若不吉不必論土 形吉而土不美 亦無害其爲
富貴也 欲知穴中土色 可于峽中看之 峽中土何色 則穴中亦是此土此
色 所謂來龍不脫來龍氣也

---

11 旺方: 기운이 왕성한 방위.

12 솔기: 옷의 두 폭을 맞대고 꿰맨 줄.

토색土色에 관해서 논하자면, 『장서葬書』에서는 "가늘고 단단하며, 윤기가 있으나 택澤[13]하지는 않고, 오색토五色土 중에서 사색四色을 갖춘 것이 아름다운 것이다"고 하였다. 그러나 지리에서는 형세를 주主로 삼는다. 형形이 길하면서, 토土도 좋으면 상길上吉이 된다. 형形이 만약 길하지 않으면, 토土는 논할 필요도 없다. 형이 길하면 토가 좋지 않을 때에도 부귀를 누리는 데 해가 되지 않는다. 혈중穴中의 토색土色을 알고자 하면, 골짜기에서 그것을 봐야 한다. 골짜기의 토土가 어떤 색인지에 따라, 혈중穴中의 토색土色도 그 색이다. 소위 "내룡來龍은 본룡來龍의 기에서 벗어나지 못한다"는 것이다.

凡世不知地理之人 專好言土色 蓋以星辰龍穴之法 不容妄言 而他又 要說自明地理 故止言土色 下下庸術 亦不知星辰龍穴之法 口無可言 而只言土色 以土色可動人 又不須學問也 況諸求地之人子 多不知地 理 亦好土色之美

세상에서 지리地理를 모르는 사람들은 유독 토색土色에 대해 말하기를 좋아한다. 무릇 성신용혈星辰龍穴의 법法은 망언을 용납하지 않는다. 그런데도 또한 자기가 지리에 밝다고 말하고 싶으니까, 토색만 이야기 할 뿐이다. 실력 없는 변변찮은 술사들은 성신용혈의 법은 모르므로 입이 있어도 할 말은 없지만, 토색에 대해서는 말이 많다. 만일 토색으 로써 사람을 움직일 수 있다면, 굳이 학문할 필요가 없다. 하물며

---

13 택澤 = 축축할 습濕

땅을 구하는 많은 사람들은, 대부분 지리는 모르지만 토색의 아름다움
은 좋아한다.

凡嫩小枝龍 山色潤澤者 土色必好 大龍大幹皮色老者 土色多不好看
此等形穴不必與彼無知之人指 以其招謗惹議論也

대체로 어린 소지룡小枝龍의 산색山色이 윤택하면 토색土色도 반드시
좋다. 대룡과 대간大幹의 피색皮色이 늙은 것은 토색이 보기에 좋지
않은 경우가 많다. 이러한 형혈形穴에 대한 학문은 저런 무지한 사람들
에게 가르칠 필요가 없으니, 다만 비방을 부르고 의론만 야기할 뿐이다.

附 廖公土色于下
廖公云 錦囊經謂欲細而堅 潤而不澤(不澤謂不濕也) 截肪切玉 具備
五色 又曰 乾如聚粟 濕如刲肉 水聚沙礫 皆爲凶色 又曰 陰陽沖和
五土四備(四原本作兼 言四者 黑不與也)
註云 得勢與形 而土色不佳 亦貴也 今按九州土壤不同 而燥濕亦異
難以槪拘 多見形勢不吉而土色俱備 用之者禍不旋日 形勢自吉而土
色不備 用之者常臻富貴 此土色之不必拘也 水泉沙礫 龍眞穴正 自然
無之 有則非吉地矣 按此論最爲確當 九州土壤不同 如孔林天下至美
之地 無以加矣 乃是黑土 稱曰黑墳 此其證也 但人子厝親 必得土色
之正 此心乃安

료공廖公의 토색설土色說을 부록으로 덧붙인다.

료공은 말하였다. "『금낭경錦囊經』에서 이르기를 가늘면서도 단단하
며, 윤기가 나면서도 습기는 없어야 하고, 옥을 자른 것처럼 오색五色을
갖추어야 한다"고 하였다. 또 말하기를, "조를 모아놓은 것 같이 마르고,
잘라낸 살코기처럼 습하고, 모래와 자갈이 섞인 물 같은 것은 모두
흉색凶色이다." 또 말하기를, "음양의 기운이 충화하여 다섯 가지 색
중에서 네 가지를 갖추어야 한다."(4색四色은 원래 겸할 수 있다. 사색을
말할 때, 흑색黑色은 포함되지 않는다.)

주註에서 말하였다. "세勢와 형形을 얻으면 토색이 좋지 않아도 또한
귀하다. 현재 전국의 토양을 살펴보면 지역에 따라 서로 같지 않고,
건조도나 습도가 달라서 개략적으로 말하기 어렵다. 대체로 형세가
불길하면, 토색을 갖춘 경우라도 그 터를 쓰면 화가 하루를 기다리지
않고 찾아온다. 그리고 형세가 길하면, 토색을 갖추지 못한 경우라도
그 터를 쓰면 항상 부귀에 이르는 경우를 많이 볼 수 있다. 그러므로
토색에 대해서 구애될 필요는 없다. 용龍이 참되고 혈穴이 바르면
수천水泉이나 모래자갈은 자연히 없다. 그런 것이 있으면 길지가 아니
다." 이 논의에서 가장 확실한 것은 전국의 토양이 동일하지 않다는
점이다. 공자의 묘지〔孔林〕는 천하에서 가장 좋은 땅으로 더할 것이
없는데, 그곳의 흙이 바로 흑토黑土라서 흑분黑墳이라 부른다. 이것이
그 증거가 된다. 하지만 사람의 자식들은 장사를 치를 때에 반드시
토색의 바름을 찾아야, 비로소 안심을 한다.

穴之淺深 土色可定 其上浮散之土爲土皮 漸掘至堅結之土方爲藏棺

之所 其堅細之下必變爲剛硬粗濁之土 乃穴底土 不可掘 此天定之淺
深也 附土色說于下

혈의 천심淺深은 토색으로 정할 수 있다. 위쪽의 가볍고 푸석한 흙은
토피土皮가 된다. 점점 파서 단단하게 맺어진 토土가 있는 곳에 이르면,
그곳은 관棺을 간직할 곳이 된다. 그 견고하고 미세한 흙의 아래쪽은
반드시 강경剛硬하고, 굵으며 탁한 흙으로 바뀌는데, 이것은 바로
혈 바닥〔穴底〕이다. 이것을 파내서는 아니 된다. 이는 하늘이 정한
천심淺深이다. 그래서 토색설 아래에 덧붙인다.

畫筴圖有金銀爐底之說 張仙云 此穴中淺深一定不易也 動脈稟來龍
之氣 融灌穴內 輕淸者凝結于上 土肉細嫩 堅宲溫和 丸之卽合 散之
若粉 卽天體之淸 此藏棺之正穴也 重濁者凝結于下 土肉堅硬如石
得地體之濁 此盛棺萬年板也 土色必兼有五方 但貴純正不雜 以赤白
黃爲上 兼得眞正靑色尤佳 黑屬水 不宜多 要色加漆有光曜 只數點在
內 亦足以備一方之氣 金銀入爐熬煎 金精銀髓居上 渣滓居下 爲之爐
底 江東不欲洩天機 故借以名

화협도畫筴圖에는 금은노저金銀爐底의 설이 있다. 장선張仙[14]은 말하였
다. "이 혈에 있는 천심淺深은 일정해서 바뀌지 않는다. 동맥動脈은
내룡來龍의 기를 받아 혈 안으로 녹아 들어온다. 가볍고 맑은 것은

---

14 장자미張子微는 남송南宋의 국사國師로서 이름은 동현洞玄이다. 『옥수진경玉髓眞
  經』의 저자이다.

위쪽에 응결되는데, 토육土肉이 곱고 부드럽고 견고하고 온화하여서 뭉치면 합슘치고, 헤치면 가루가 된다. 곧 천체天體의 맑은 기운이니 이것이 관棺을 간직하는 정혈正穴이다. 무겁고 탁한 것은 아래에 응결되는데, 토육土肉이 바위처럼 단단하니, 지체地體의 탁濁을 얻은 것으로 이것은 관을 담는 만년판萬年板이다. 토색은 반드시 오방五方을 아우르는데, 순수하고 바르고, 잡색이 섞이지 않은 것을 귀하게 여기며, 적색·백색·황색을 상으로 친다. 진정한 청색이 더해지면 더욱 좋다. 검정색은 수水에 속하는데, 많으면 적합하지 않고, 칠한 것처럼 광채가 있고, 단지 몇 개의 점이라도 안에 섞여 있으면 일방一方의 기를 갖추기에 충분하다. 금은을 로爐에 넣고 열을 가하여 끓이면, 금은의 정수는 위에 뜨고, 찌꺼기는 아래에 가라앉아 로저爐底가 된다. 강동江東은 천기를 누설하려 하지 않으므로 이름을 빌렸다.

凡卜陽基 要辨土壤輕重旺衰 辨土卜基 古有成憲 掘地方深一尺二寸 粉土羅之 復還原圈內 勿用按抑 來早看之 若氣旺則土噴 氣衰則土凹 或用寶斗量土平口 秤其輕重 驗其土之厚薄 每斗七斤爲下 十斤爲首 如其中平 厥斤爲九 或用土四方一寸一塊秤之 重三四兩者凶 五兩七兩居之自如 九兩已上大吉

무릇 양기陽基를 점칠 때에는 토양의 경중輕重과 왕쇠旺衰를 분별해야 한다. 토양을 분별하여 터를 정하는 데에는 예로부터 방법이 있다. 한 장소를 정사각형 모양에 한 자 두 치 깊이로 파고, 그 흙을 가루로

만들고 채로 쳐서 다시 원래의 구덩이 안에다 붓는다. 이때 흙을
다져서는 안 된다. 다음날 아침 일찍 와서 그곳을 보면, 만약 기가
왕성하다면 흙이 불룩 솟아오를 것이고, 기가 쇠약하다면 흙이 움푹
들어갈 것이다. 또는 흙 무게를 다는 용기에 흙을 가득 넣어서 입구를
평평하게 한 후에 그 무게를 달 적에, 흙의 얇고 두터움을 조사하는데
한 말에 일곱 근이면 하급이고, 열 근이면 최고로 친다. 그 중간이면
평평한 것으로 친다. 혹은 사방 한 치의 흙 한 덩어리를 저울로 잴
때 서넛 량兩이면 흉하고, 다섯 량이나 일곱 량이면 그대로이고, 아홉
량이면 이미 대길大吉에 오르는 것이다.

제 2 편

형기론 形氣論

제1장 용법龍法

言龍則有祖宗父母 枝幹主從 退卸博換 過峽穿田法 於龍法則括之以
星辰枝幹形格化氣四種

용룡龍에는 조종부모祖宗父母와 지간주종枝幹主從과 퇴사박환退卸博換
과 과협천전過峽穿田의 법이 있고, 용법龍法은 대별하여 성신星辰과
지간枝幹과 형격形格과 화기化氣의 네 가지로 정리한다.

제1절 성신星辰

未入山而先見者 山之星辰也 故先言星辰不一 有五星 有老九星 有天
機九星 有六府星

산에 들어가지 않고 먼저 보는 것은 산의 성신星辰이다. 그러므로
먼저 말하는데, 성신은 하나가 아니다. 성신에는 오성五星, 노구성老九
星, 천기구성天機九星 및 육부성六府星이 있다.

正體者五星也 變體者九星也 九星楊廖各分張

정체正體는 오성五星이고, 변체變體는 구성九星이다. 구성을 양공楊公
과 료공廖公이 각각 분류하여 설명하였다.

1. 오성五星

五星者 金木水火土也
金頭圓而足闊 木頭圓而身直 水頭平而生浪 平行則如生蛇過水 火頭
尖而足闊 土頭平而體秀
五星歌曰 金似覆釜兼仄月 木星頓笏無差別 水似生蛇腰帶同 火星菱
角犁頭鐵 土如廚櫃或覆盆 此是五星正體結

오성五星이란 금목수화토金木水火土이다.

금성金星은 머리는 둥글고 발은 넓고, 목성木星은 머리는 둥글고 몸은
곧고, 수성水星은 머리는 평평하고 파도를 만드는데, 평행平行하면
마치 살아 있는 뱀이 물을 건너는 모양과 같다. 화성火星은 머리는
뾰족하고 발은 넓고, 토성土星은 머리는 평평하고 몸은 빼어났다.
오성가五星歌에서 말하기를 금성은 엎어진 솥이나 이지러진 달과 같
고, 목성은 홀을 세운 것과 같다. 수성은 살아 있는 뱀이나 허리띠와
같고, 화성은 쟁기머리의 쇠처럼 뾰족하다. 토성은 부엌의 찬장이나
엎어진 대야와 같다. 이것은 오성의 정체를 밝힌 것이다.

五星高大者 衝天木 燄天火 湊天土 獻天金 漲天水 其矮小者 更有種
種名色 如梭子金 娥眉金 倒地木 交枝木等類 不過因形立名 不必過
求 但要認得是某星便可也

오성五星이 높고 큰 것은, 충천목衝天木, 염천화燄天火, 주천토湊天土,

헌천금獻天金, 창천수漲天水라고 부른다. 오성 중에서 낮고 작은 것
또한 갖가지의 이름과 모양이 있다. 사자금梭子金, 아미금娥眉金, 도지
목倒地木, 교지목交枝木 등이 있는데, 모양에 따라 이름을 짓는 것에
불과하므로 지나치게 얽매어서 찾을 필요는 없다. 단지 어떤 모양이
어떤 성신에 속하는지만 알면 된다.

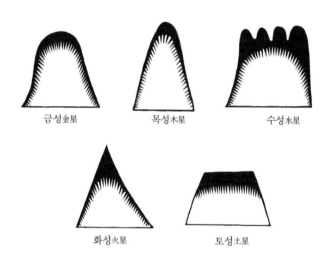

〈그림1〉 오성도五星圖

2. 노구성老九星

老九星者 貪狼 巨門 祿存 文曲 廉貞 武曲 破軍 左輔 右弼
貪狼卽正木星 巨門卽正土星 祿存乃土金兼體 形如頓鼓 脚如瓜瓞
文曲卽水星 匹練生蛇 廉貞乃數火連座 頭尖而燄 帶石稜層 武曲卽金

星 破軍形如走旗 頭高尾下 金頭火脚 火脚飛揚如劍戟 左輔形如幞頭
乃眠體作護之星 右弼爲隱曜 無形象 乃來龍過峽 串田 平坦無脊處及
平地是也

노구성老九星이란 탐랑貪狼·거문巨門·녹존祿存·문곡文曲·염정廉貞·
무곡武曲·파군破軍·좌보左輔·우필右弼을 말한다.

탐랑은 정목성正木星이며, 거문은 정토성正土星이요, 녹존은 토성과
금성을 겸한 것으로, 모양은 돈고頓鼓[15]와 같고 다리는 오이가 주렁주렁
열린 것과 같다. 문곡은 수성으로, 표백한 명주〔匹練〕[16]나 살아 있는
뱀과 같고, 염정은 여러 개의 불이 잇대어 있는 것으로 머리는 끝이
뾰족하여 불꽃처럼 생기고 몸체는 대석帶石이 층을 이룬다. 무곡은
금성이고, 파군은 달리는 깃발 모양으로 머리는 높고 꼬리는 낮아서
금두金頭에 화각火脚인데, 화각은 비양飛揚하는 것이 칼이나 창과 같
다. 좌보는 모양이 두건〔幞頭〕[17]처럼 생겼으며, 누워 있는 모양〔眠體〕[18]
이 주인을 보호해 주는 별이고, 또 우필은 숨은 별〔隱曜〕[19]이라 형상이
없으니 내룡來龍이 과협過峽하고 관전串田할 때에 평탄하여 척추脊椎가
없거나 평지인 경우가 이것이다.

---

15 頓鼓: 북의 일종. 바닥에 놓고 치는 북.

16 匹練: 한필의 잿물에 삶고 물에 빨아 말린 명주.

17 幞頭: 두건의 한 가지. 후주後周의 무제武帝가 처음 만들었음. 전각복두展脚幞頭와
교각복두交脚幞頭 두 가지가 있음.

18 眠體: 위에서 아래쪽으로 내려다 볼 때 보이는 모양.

19 隱曜: 빛인 재덕才德을 숨기어 나타내지 아니한다는 별.

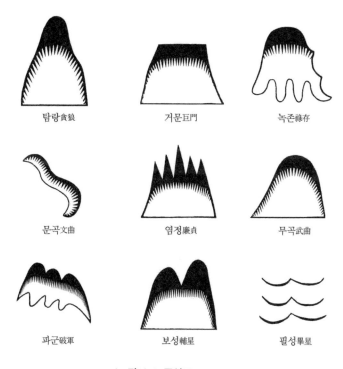

탐랑貪狼　　거문巨門　　녹존祿存

문곡文曲　　염정廉貞　　무곡武曲

파군破軍　　보성輔星　　필성弼星

〈그림2〉 노구성도老九星圖

老九星歌曰 貪狼頓笏芛初生 巨門天馬屛風列 文曲排來似柳枝 惟有
祿存豬屎節 廉貞梳齒桂破衣 武曲饅頭圓更突 破軍破傘拍板同 左輔
幞頭無別法

노구성가老九星歌에서 말하기를, "탐랑은 홀을 들고 있는 것이 죽순
나온 것 같고, 거문은 천마가 병풍을 벌린 것 같고, 문곡은 밀치고
나오는 것이 버드나무 가지 같으며, 오로지 녹존만이 돼지 똥같은
마디〔豬屎節〕가 있는 모양이다. 염정은 빗살〔梳齒〕에 찢어진 옷이

걸린[掛破衣] 모양이고, 무곡은 둥근 만두饅頭에 다시 더 볼록 솟았다.
파군은 부서진 양산이나 박판柏板[20]과 같고, 좌보는 두건 모양 외에는
달리 구별할 방법이 없다."

3. 천기구성天機九星

天機九星者는 太陽 太陰 金水 紫氣 天財 天罡 孤曜 燥火 掃蕩
太陽乃高金 太陰乃扁金 金水乃金水兼體 一頭兩星 紫氣卽木星 天財
卽土星 有平腦雙腦凹腦三體 天罡乃金頭火脚 頑惡高大之金 孤曜不
方不圓 土金兼體 頑鈍肥蠢之星 燥火卽火星 掃蕩乃多紋多浪 凹凹凸
凸 多曲多蕩之水星也

천기구성天機九星은 태양太陽·태음太陰·금수金水·자기紫氣·천재天
財·천강天罡·고요孤曜·조화燥火·소탕掃蕩을 말한다.
태양은 높이 솟은 금[高金]이고, 태음은 낮은 금[扁金]이다. 금수는
금金과 수水를 합친 것으로 머리는 하나지만 별은 두 개다. 자기는
목성이고, 천재는 토성으로 평뇌平腦·쌍뇌雙腦·요뇌凹腦의 세 가지가
있다. 천강은 머리는 금이고[金頭] 다리는 화니[火脚] 성질이 완고하고
험하며 높고 큰 금성이다. 고요는 모나지도 않고 둥글지도 않으니
토성과 금성의 겸체兼體로서 완고하고 우둔하며 살찌고 꿈틀거리는
별이다. 조화는 화성이고, 소탕은 무늬도 많고 파도도 많아 요철이

---

20 拍板: 나무로 만든 박.

심하고 굴곡과 움직임이 많은 수성이다.

태양太陽

태음太陰

자기紫氣

금수金水

평뇌천재平腦天財

요뇌천재凹腦天財

쌍뇌천재雙腦天財

천강天罡

고요孤曜

조화燥火

소탕掃蕩

〈그림3〉 천기구성도天機九星圖

天機九星歌曰 金星高扁別陰陽 紫氣卽是木星詳 頭圓肩聳名金水 天
財土體三樣裝 天罡頑金脚拖火 孤曜頑飽不圓方 燥火火星掃蕩水

천기구성가天機九星歌에서 말하기를 "금성은 높고 낮음에 따라 음양의 구별이 있다. 자기는 목성의 모양이다. 머리는 둥글고 어깨가 솟아오르면 금수金水라고 부른다. 천재는 토성으로서 세 가지 모양이 있다. 천강은 완고한 금성에 불꽃 모양의 다리가 있다. 고요는 완고하게 배부르고 둥글지도 않고 모나지도 않다. 조화는 화성이며, 소탕은 수성이다."

4. 육부六府

六府者 太陽 太陰 紫氣 月孛 計羅是也 又名六曜 又名三台
此星非尋常易得 乃高淸之氣所生 生又大山頂上 乃大山平處生起小
星峰是也 小扁金曰太陰 小高金曰太陽 小木星曰紫氣 小水星曰月孛
小火星曰羅 小土星曰計 或一個或三個二個大貴 一個亦大貴 凡遙見
此星 便可決此龍有大地 此星名今人識者罕 論者亦甚少 惟楊公論予
撼龍破軍篇 吳公望龍經亦論及 他書不見也

육부六府에는 태양太陽·태음太陰·자기紫氣·월패月孛·계라計羅가 있는데, 이를 육요六曜[21] 또는 삼태三台라 하기도 한다.

이 성신星辰은 평소에 쉽게 얻어지는 것이 아니다. 높고 맑은 기운에서

---

21 육요六曜는 관상학에서 두 눈과 눈 사이, 두 눈썹과 눈썹 사이의 여섯 가지 모양을 나타내는 용어로서 '얼굴 위에서 빛나는 여섯 가지 별'이라는 의미가 있다. 태양太陽은 왼쪽 눈, 태음太陰은 오른쪽 눈을 말한다. 자기紫氣는 눈썹과 눈썹 사이의 미간, 즉 인당印堂을 말하고, 월패月孛는 눈과 눈 사이의 약간 오목한 곳, 즉 산근山根을 말한다. 오른쪽 눈썹은 계도計都, 왼쪽 눈썹은 나후羅睺라고 한다.

생기며 큰 산의 정상에 생긴다. 큰 산의 평평한 곳에서 생긴 소성봉小星峰이 이것이다. 소편금小扁金은 태음이라 하고, 소고금小高金은 태양이라 하고, 소목성小木星은 자기라 하고, 소수성小水星은 월패라 하고, 소화성小火星은 라羅라 하고, 소토성小土星은 계計라고 한다. 혹 한 개나, 혹은 두 개나, 혹은 세 개가 있으면, 대귀大貴한다. 한 개라도 역시 대귀이다. 멀리서 이 성신이 보이면 이 용龍에 대지大地가 있다고 바로 결정할 수 있다. 요즘은 이 성신의 이름을 아는 사람이 드물어 말하는 사람 역시 아주 적다. 오직 양공楊公이 『감룡경撼龍經』의 파군편破軍篇에서 논하였고, 오공吳公은 『망룡경望龍經』에서 논하였는데, 그 외의 책에서는 보지 못하였다.

〈그림4〉 육부성도六府星圖

5. 성신星辰의 구별

世人 以老九星天機九成各各相配 謂貪狼卽紫氣之類 變名而寔同 非然也 其中有可配不可配者

以貪狼卽紫氣 巨門卽天財 此可配者也 然巨門只一體 而天財有平腦凹腦雙腦之三式 且雙腦又兼水矣 其不可配者

謂祿存卽孤曜 不知祿存乃生多脚之頑土 孤曜乃不生手脚之飽金 甚
相遠也

謂文曲卽掃蕩 然文曲乃過脈之星 掃蕩乃山之多小泡 及多眉曲流蕩
者皆是也

謂廉貞卽燥火 不知廉貞乃連氣燄天之火星 而燥火卽正體火星也

以武曲配金水 不知武曲係正體金星而屬金 若金水卽係二星之兼體
而屬水也

而破軍配天罡 破軍如旗 乃連氣金星而手脚飛揚 天罡卽頭圓身聳 金
頭火脚之頑金也

至于太陽太陰 皆高扁正體金星

而左輔形如幞頭 邊高邊低 爲帳爲護之星 烏可配太陽 右弼平垣無形
太陰娥眉有象 何可配乎

세상 사람들은 노구성老九星과 천기구성天機九星을 서로 상배相配하면
서, "탐랑貪狼은 자기紫氣와 같은 종류로 이름이 바뀌었을 뿐 실제로는
같다"고 한다. 하지만 그렇지 않다. 그 중에는 서로 배합이 되는 것도
있고, 배합이 되지 않는 것도 있다.

"탐랑은 자기이고", "거문은 천재이니 이는 서로 배합이 되는 것이다"라
고 하지만 거문巨門은 체성體星이 하나지만 천재天財는 평뇌平腦·요뇌
凹腦·쌍뇌雙腦 세 가지가 있고, 또 쌍뇌는 수水를 겸하므로 서로 배합되
지 않는다.

"녹존祿存을 고요孤曜라"고 하지만, 녹존은 다리가 여럿인 완토多脚之頑

土이고, 고요는 팔다리가 없는 배부른 금성不生手脚之飽金임을 알지 못한다. 그 모양은 아주 다른 것이다.

"문곡文曲을 소탕掃蕩이라" 하는데, 문곡은 맥이 지나가는 성신인 반면에 소탕은 산이 여러 개의 작은 거품처럼 생긴 것이고, 미곡眉曲과 유탕流蕩이 많은 것이 이것이다.

"염정廉貞을 조화燥火라"고 하는데, 염정은 하늘을 태우는 불 기운이 연결된 것인 반면, 조화는 화성의 정체正體임을 모르는 것이다.

"무곡武曲을 금수金水에 배합"하는데, 무곡은 완전한 모양의 금성으로 금금에 속하고, 금수金水는 두 개의 성신이 연결된 겸체兼體로서 수성에 속함을 모르는 것이다.

"파군破軍으로는 천강天罡과 배합"하는데, 파군은 깃발과 같아서 금성의 기운이 연결되어 팔다리가 날아오르고, 천강은 머리는 둥글고 몸은 길어서 금두金頭에 화각火脚을 가진 완고한 금성이다.

태양太陽과 태음太陰은 높고 낮은 금성이다.

그런데 좌보左輔의 형태는 두건과 같이 주변이 높고 낮으며, 장막이 되거나 보호하는 성신인데, 어떻게 태양과 배합이 되겠느냐.

또 우필右弼은 평탄하고 형태가 없고, 태음은 눈썹으로 형상이 있는데 어찌 배합이 되겠는가.

又世人謂天機九星 乃廖公以楊公九星配象不確 故此改九星 不知天
機九星 原出天機素書 乃丘公之說 非廖公創出之說也
夫九星之有不同何也 楊公九星 乃不敢論三垣 而論垣外之九星 蓋都

城禁地 上合三垣 其餘富貴之氣 俱稟于北斗九星 惟此九星 可以辨龍
神而定結作 故老九星單爲辨龍用也 若天機九星 則龍穴砂水之形象
皆可以此辨凶吉者 自與老九星之用不同 又謂 楊公九星專論龍 廖公
九星專論穴 此亦非也 老五星固專論龍 至天機九星 廖公于龍穴砂水
明堂五部 俱用九星辨別 曷嘗專論穴乎 正道式微 臆說亂起 卽一九星
之已淆訛如此矣

또 세상 사람들은 천기구성을 보고, 료공廖公이 "양공楊公의 구성九星
은 상을 배치한 것이 정확하지 않다"고 하면서 새로 고친 것이라고
말한다. 이러한 사람들은 천기구성은 원래 『천기소서』에서 나온 것으
로 구공丘公의 학설임을 알지 못하고 있다. 료공이 처음 주장한 학설이
아니다.

구성이 같지 않은 것은 무엇 때문인가? 양공의 구성은 감히 삼원三垣[22]
에 대해 논하지 않았고, 원垣 밖에 있는 구성에 대해서만 논한 것이다.
도성都城과 금지禁地[23]는 위로 삼원에 합치된다. 그리고 그 나머지
부귀한 기운은 모두 북두北斗구성九星에서 받는다. 다만 이 구성만이
용신龍神을 분별하여 결작結作을 정할 수 있다. 그러므로 노구성은
단독으로 용龍을 분별하는 데 사용한다. 그런데 천기구성은 용혈사수
龍穴砂水의 형상에서 길흉을 분별할 수 있으므로, 노구성의 용도와

---

22 삼원三垣: 고대 동양의 천문학에서 북극 근방인 자미원紫微垣과, 사자궁獅子宮
   부근인 태미원太微垣과, 사견궁蛇遣宮 부근인 천시원天市垣을 상원上垣, 중원中垣,
   하원下垣이라고 하였다.

23 금지禁地: 궁궐 등 일반인의 출입을 금하는 곳.

다르다. 또한 흔히들 "소위 양공의 구성은 전문적으로 용을 논하고, 료공의 구성은 전문적으로 혈을 논한다"고 말하는데, 이것 역시 틀린 말이다. 노오성老五星은 전적으로 용을 논하였으며, 천기구성에 이르러 료공은 용龍·혈穴·사砂·수水·명당明堂인 다섯 부분 모두에 구성을 사용하여 분별하였으니, 어찌하여 일찍이 전문적으로 혈만 논하였는가. 정당한 이치는 쇠미해지고 억설이 어지럽게 난무하니, 구성에 대한 것도 이미 이와 같이 잘못 뒤섞여 있다.

六府星係望龍第一妙竅 一見龍生六府 便可決此下有一二大地 卽小枝龍有此 亦大貴地 蓋此星乃龍藏最淸最貴之氣 所發現故也 今人皆置之不談 焉能望龍知地乎

육부성六府星은 용龍을 보는 방법에서 첫째가는 묘법妙法이다. 용을 볼 때에 육부가 있으면 바로 이 밑에 대지가 있음을 알 수 있다. 즉 소지룡小枝龍에 이것이 있으면 또한 대귀지大貴地이다. 이 성신은 용이 숨겨놓은 가장 깨끗하고 가장 가치 있는 기운이 발현한 장소이다. 요즘 사람들은 모두 이 이치를 이야기하지 않고 있으니, 어떻게 용을 멀리서 보고 땅을 알 수 있겠는가.

今世有一種眼目不明亮者 不能辨別九星 惡聞九星之名 强爲說曰論星只以五星論之足矣 何必九星之多端乎〈玉髓經〉何嘗不言九星乎 抑知〈玉髓〉不論九星 乃洞玄欲另立一門戶之說 九星旣爲古人論過 故彼不

取九星也 若五星足以盡龍法 則古人豈好此多端哉 惟五星不足以辨龍 故抽出九星耳 不信試出門觀山 萬山之中 有幾座正體五星也

오늘날에는 똑똑하고 분명한 안목을 가진 이가 없어서 구성九星을 분별하지 못한다. 구성의 이름을 들으면 문득 "성신星辰을 의론하는 데는 단지 오성五星을 논하는 것으로도 충분한데 어찌 구성으로 다양하게 말해야 하는가. 『옥수경玉髓經』은 어떻게 일찍이 구성에 대하여 말이 없었겠는가!" 하고 강변한다. 다만 『옥수玉髓』가 구성을 논하지 않은 것은 동현洞玄[24]이 다른 하나의 문호를 만들려고 하였기 때문이다. 구성은 이미 옛사람들이 논한 적이 있으므로 그는 구성을 말하지 않았다. 만약 오성으로써 용법龍法을 만족시킬 수 있다면 옛사람들은 어찌 이렇게 다단多端한 것을 좋아하였겠는가. 오성만으로는 용을 분별할 수는 없어서 구성이 나온 것이다. 믿지 못하겠다면 야외로 나와서 산을 살펴보아라. 수많은 산 속에서 몇 개의 산이 정체正體인 오성의 형태를 취하고 있느냐.

今人不知辨星者 走入山鄉 只見群山 亂亂雜雜 不土不金 非木非火 不特不見一正體五星 即以九星湊之亦湊不出 竟不知此一片山是何 星也

오늘날 사람들은 성신을 분별할 줄도 모른 채 산으로 들어간다. 단지 여러 산이 어지럽고 복잡하여, 토土도 아니고 금金도 아니며, 목木도

---

24 동현洞玄은 『옥수경玉髓經』을 지은 장자미張子微의 이름이다.

아니고 화火도 아니어서, 정체인 오성을 한 개도 찾아보지 못한다. 다시 구성으로 살펴보아도 구별하기가 어려워서, 하나의 산도 어떤 성신인지 마침내 알지 못한다.

蓋辨星有法 凡一方群山 合成大象 則一水星也 于中有特記尊嚴 文峻 星體 則成七星 秀麗巧妙星體 則成五星 其餘爲垣帳護從眠張之星 皆左輔也 不知此法 焉能辨星間星
問凡一群山 遠而望之 如波如浪 皆成水星何也 曰兩間之中 惟水最大 其氣最成 故山川皆成水星 天一生水 水爲五行之始氣 萬物皆稟于水 水者山之本氣也 分而觀之 則其中之圓者爲金 方者爲土 長直爲木 尖銳爲火 合而觀之 則其成一水星也

대체로 성신을 분별하는 데에는 방법이 있다. 대략 한 지역의 여러 산들을 합치면 대상大象이 되니, 즉 하나의 수성水星이다. 그중에서 특별히 존엄하고, 아름답고 높은 성체星體는 바로 칠성七星[25]이 되고, 수려하고 기발한 성체는 오성五星이 된다. 그 나머지는 울타리와 장막이 되어 주인을 보호하는 성신이니 모두 좌보左輔이다. 이 방법을 모르면 어찌 성신을 분별할 수 있겠는가.

멀리서 한 무리의 산을 바라보면, 파도와 물결처럼 모두 수성水星이 되어 버리는 것은 무슨 까닭인가. 천지간에는 오직 수水만이 가장 크고, 그 기운도 가장 성대하여 산천이 모두 수성이 된다. 하늘에서

첫째로 수水가 생기니 그 수는 오행의 시작하는 기가 되므로 만물은 모두 수를 받든다. 수水는 산의 근본이 되는 기운이므로 그것을 나누어 관찰해 보면, 그중에서 둥근 것은 금金은 되고, 네모난 것은 토土가 되고, 길고 곧은 것은 목木이 되며, 뾰족한 것은 화火가 된다. 그것을 합치면 그것은 하나의 수성水星이 된다.

제2절 응성應星·변성變星·간성間星

1. 응성應星

應星者 祖上分落第一節星也

與前面結穴星相應 故曰應星 應星爲行龍之主 如應星是貪狼謂貪狼
龍變也 前面作穴 必是乳頭 若行度中間 變得某星 而某星獨多 則穴
又不從應星出 又從變星出也 故曰 貪狼龍變生乳頭云云

응성應星이란 조상으로부터 나누어진 산맥의 첫 마디가 되는 봉우리이다.

전면에 혈을 맺는 봉우리와 서로 상응하는 것이므로 응성이라 한다. 응성은 용의 흐름(行龍)의 주主가 된다. 만약에 응성이 탐랑이라면 탐랑용변貪狼龍變이라 하는데 앞쪽에 혈을 만들면 그것은 반드시 유두혈乳頭穴이다. 만약에 용龍이 흘러가는 중간에 어떤 봉우리(星)로 변하여 그 봉우리의 성신星辰이 독자적으로 많아지면, 혈은 응성으로부터 나오지 않고, 변성變星으로부터 나온다. 그래서 "탐랑용이 변하여 유두혈을 낳는다. 운운云云" 하고 설명한다.

2. 변성變星

變星者 應星行度中 剝換出某星 曰變星也

行度中間 此星獨多者 名眞變星 穴星必從此星出 如貪狼行龍 中間變

出輔行 多則出燕窩穴 故曰變作輔星 燕窩仰落 在高山掛燈樣

변성變星은 응성이 흘러가는 중간에 박환剝換[26]하여 나타난 봉우리〔星〕

를 말한다.

용이 흘러가는 중간에 이 봉우리가 독자적으로 많은 것을 진변성眞變星

이라 한다. 혈성穴星은 반드시 이 변성에서부터 나온다. 만약 탐랑이

행룡行龍 중간에 보필성輔弼星의 행도行度로 바뀐다면 대부분 연와혈燕

窩穴이 나타난다. 이를 "변작보성變作輔星하여 연와燕窩가 앙락仰落하

였다"고 하는데, 높은 산에 걸려 있는 등불 모양이 그것이다.

3. 간성間星

間星者 行龍中間相間之星也

凡行龍必不是一星行到頭 其中必有間星 如貪狼行龍中 間間一座祿

存是也

---

[26] 剝換: 용이 뻗어 나가면서 껍질을 벗고 모습을 바꾸는 것으로, 예컨대 암석으로

험하게 내려오던 용맥이 암석을 벗고 흙으로 변하여 순하게 되는 모양을 말함.

三吉行龍 必要間四凶 其龍始能分牙布爪 四凶行龍 必要間三吉 始能
成胎結穴 三吉不間四凶 則無威權 卽作穴不出顯貴 四凶不間三吉
則無化氣 作穴決犯刑凶

至于低平之山 多是祿存文曲左輔三星間什其平 豈憂引曲屈者是文
曲 其起頂圓秀者是左輔 起頂頑飽者是祿存 或一枝如瓜藤蔓延 起罡
飽圓泡其過度如鶴頸者 散布之祿存也 祿存不變 吉星不作穴 若左輔
則多結美穴 其穴必開口開窩 令人不減生體

遇人問他 竝不分祿存左輔 但答曰 此金水行龍也 呵呵

간성間星은 행룡行龍의 중간에 상간相間하는 봉우리이다.

무릇 행룡은 반드시 하나의 봉우리로만 끝나지 않기 때문에 그 중간에
반드시 간성이 있다. 마치 탐랑貪狼의 행룡 중에 간간이 녹존祿存이
한 봉우리가 있는 것이 그와 같다.

삼길三吉의[27] 행룡行龍에는 반드시 그 사이에 사흉四凶[28]이 있어야만,
그 길한 용이 비로소 이빨을 보이고 발톱을 드러낼 수 있는 것이다.
사흉의 행룡에는 그 사이에 반드시 삼길이 있어야, 비로소 태胎를
이루고 혈穴을 맺을 수 있다. 즉 삼길 사이에 사흉이 없으면 권위가
없어서 혈을 만들어도 지위가 높거나 귀하지 않고, 사흉 사이에 삼길이
없으면 화기化氣가 없어서 혈을 만들어도 반드시 형벌을 받는 흉사가
있다.

---

27 삼길三吉: 탐랑貪狼, 거문巨門, 무곡武曲.

28 사흉四凶: 녹존祿存, 문곡文曲, 염정廉貞, 파군破軍.

낮고 평평한 산에 대해서 말하자면, 대부분 녹존祿存·문곡文曲·좌보左輔 세 성신 중에서 평평한 것인데, 구불구불한 것은 문곡이고, 그 꼭대기에서 둥글고 빼어난 것은 좌보이며, 꼭대기가 완고하게 배부른 것은 녹존인데, 혹은 한 가지에서 마치 오이나 등나무 줄기가 퍼져나가는 것 같고, 강포罡飽와 원포圓泡를 일으켜서 지나가는 모양이 두루미의 목과 같은 것은 흩어지는 녹존이다. 그런데 녹존이 변하지 않으면, 길성吉星은 혈을 만들지 않는다. 만약 좌보가 있으면 좋은 혈을 많이 맺는다. 그 혈은 반드시 입口을 열고 와窩를 열어서 사람의 생체生體가 감소되지 않게 한다.

우연히 풍수를 안다는 사람에게 물어보았다. "그것은 녹존과 좌보를 분별하지 못한 것이 아닌가?" 그가 대답하기를 "이것이 금수행룡金水行龍이다"라고 한다. 참으로 가소로운 대답이다.

제3절 오체五體

正體者五星也 變體者九星也

兼體者一山而兼數星也 如望之而不土不金 此土金兼體也 東望是金 西望是木 此金木兼體也 頭圓脚尖 此金火兼體也 九星中之祿存 是土金兼體 破軍是金火兼體 天機之太陰天財金水天罡孤曜 寔皆兼體星辰也 看兼體要心靈目巧 看得活潑

貼體者穴星正而上微起一星形 略有分界者 是以與主星不相刑克爲吉

64

襯體者穴星正面後襯出一星形 明有分界者 是亦要與主星不刑克
爲吉

大抵穴星正面大要看貼體 正面小要看襯體 此體只看穴星 用二體與
穴最近 其生克凶吉 與穴最緊 最宜仔細審察者也

凡此五體 但要了明于心 方可去看星辰 否則目眩心亂 不能辨別矣

정체正體는 오성五星이고, 변체變體는 구성九星이다.

겸체兼體는 하나의 산이면서 여러 성星을 겸한 것으로, 산을 바라볼
때 토土도 아니고 금金도 아니라면 이는 토와 금의 겸체이다. 동쪽에서
보면 금金이고 서쪽에서 보면 목木이라면 이것은 금과 목의 겸체이다.
머리는 둥글고 다리가 날카로운 것은 금金과 화火의 겸체이다. 구성의
녹존祿存은 토와 금의 겸체이고, 파군破軍은 금과 화의 겸체이다.
천기天機의 태음太陰·천재天財·금수金水·천강天罡·고요孤曜는 모두
겸체의 성신이다. 겸체를 볼 때에는 마음이 맑고 눈썰미가 있어야
잘 구별할 수 있다.

첩체貼體는 혈성穴星이 반듯한데 위쪽으로 약간 솟아 오른 작은 봉우리
〔星〕가 있고, 대략 경계가 있는 것이다. 이는 주성主星과 서로 형극刑剋
하지 않는 것을 길하다고 여긴다.

친체襯體는 혈성의 정면의 뒤편 가까이에 하나의 봉우리가 솟은 형태인
데 분명히 경계가 있는 것이다. 이 또한 주성과 형극하지 않는 것을
길하다고 여긴다.

대체로 봉우리의 정면이 크면 첩체로 보아야 하고, 정면이 작으면

친체로 보아야 하는데, 이것들은 혈성만 보면 된다. 이 두 가지의 체는 혈과 가장 가까이 있으므로 그 생극生克과 길흉凶吉이 혈과 가장 긴밀하므로 자세하게 관찰하여야만 된다.

무릇 정체正體·변체變體·겸체兼體·첩체貼體·친체襯體라는 오체五體를 구별하려면, 먼저 마음속으로 분명하게 구별이 된 연후에야 산에 가서 성신을 보고 알 수 있다. 그렇지 않으면 눈이 어지럽고, 마음이 혼란하여 구별할 수가 없다.

제4절 사산四山

1. 태조太祖

太祖者 最高之山 爲一方發脈之祖 群龍之所從出者是也
大者爲一郡之主 或數邑之主 兩旁必有兩大水夾之 其兩水中之諸龍 皆其所分布者也 其星大抵是廉貞火 否則漲天水 非水火二星 不能作 祖 其星遠望聳秀可觀 近則岩石峻峋 可驚可怕 蓋是一片罡殺之氣所 成 若非罡殺之氣 焉能直立空中 受八風之吹射耶

太祖之氣 亦有厚薄貴賤 欲知其厚薄 看其分布 若分布諸龍 行得長遠 濶大 則其氣强而厚 若局促短狹 則其氣薄而弱矣 欲知其貴賤 看其局 勢 若太祖之傍 群峰簇擁太祖之星 成格成局者貴也 若孤高無輔 則賤 矣 太祖之星 端嚴方正 則其所生人物 多正人君子 若偏斜歪側 則此 方之人 多奸邪小人矣

태조산太祖山은 최고로 높은 산이다. 태조太祖는 한 지역에 걸쳐 있는
산맥山脈의 시조가 되고, 군룡群龍이 따라 나오는 곳이 바로 이곳이다.
큰 것은 한 군郡의 주主가 되고 혹은 여러 읍邑의 주主가 되기도 한다.
태조는 양 옆에 반드시 큰물을 끼고 있는데, 두 물 사이에 있는 용龍들은
모두 다 나누어 펼쳐놓은 것이다. 그 성星은 대체로 염정화兼貞火이거
나, 그렇지 않으면 창천수漲天水이다. 수화水火 이성二星이 아니면
시조始祖가 될 수 없다. 그 성星은 멀리서 바라보면 우뚝 솟아 아름답게
보이며, 가까이에서 보면 바위가 높고 험하고 깊어서 놀라움과 두려움
을 느낀다. 대체로 이것들은 강살罡殺[29]의 기운이 만들어낸 것이니,
만약 강살의 기가 아니라면 어찌 공중에 똑바로 서 있고, 팔방에서
불어오는 바람을 견디어 내겠는가.

태조산의 기에는 후박厚薄과 귀천貴賤이 있다. 그 후박을 알고자 하면
그 분포를 살펴보아야 한다. 만약 분포된 모든 용이 길고 멀리, 그리고
넓고 크게 나아간다면, 그 기는 강하고 두터운 것이다. 만약 그 국局이
가깝고, 짧고 비좁다면, 그 기는 얇고 약한 것이다. 태조산의 귀천을
알고자 하면 그 국의 형세를 살펴보아야 한다. 만약 태조의 곁에
군봉群峰이 무리지어 태조를 둘러싸서 보호하며, 격국格局을 이루면
귀한 것이다. 만약 홀로 높고 보필이 없으면 그것은 천한 것이다.
태조의 성星이 단엄端嚴하고 방정方正하면 그곳에서 태어나는 인물은
바른 군자가 많다. 만약 옆으로 치우치고 기울고 삐뚤어졌다면, 그곳의

---

29 罡: 북두성 강. 북두성의 별칭. 하늘에서 가장 강력한 별.

사람들은 간사한 소인이 많다.

2. 소조少祖

少祖者 自太祖分落之後 再起大山 作此方諸幹枝之祖是也 其星不同
少祖要端正秀麗 精神光彩 方能結作 山若聳秀 多成貴穴 若肥厚多發
丁財也

소조산少祖山은 태조산에서 나누어진 후에 다시 일어난 큰 산으로,
그 지역의 모든 간지幹枝의 조祖가 되는 산이다. 그 성신은 같지 아니하
다. 소조는 단정하고 수려해야 하는데, 정신에 광채가 나면 능히 결작結
作할 수 있다. 만약 산이 아름답고 우뚝 솟아 있다면 대부분 귀혈貴穴이
되고, 만약에 비옥하고 두터우면 대부분 자손이 번창하고 부자가
될 것이다.

3. 조종祖宗·부모父母

祖宗父母者 自已一龍之山也
祖宗者 從少祖分落之後 再起一尊星 此星必要得吉星關屛列帳 成格
成局方能結得美穴 若此星無力 必不能成美地矣
父母者 穴星後蓋穴星之山是也 要合得一吉星 張得兩翅方能結作 若
無此便不能穴矣
太祖少祖 是辨大地之屬 祖宗山 是辨中地之用 父母山 則小地之用也

若無父母山 止有一主星結穴者 則是傍落小結 微而又微者矣

조종祖宗과 부모父母는 자기와 같은 용龍이 된 산이다.

조종산祖宗山은 소조少祖로부터 나누어진 후에 다시 일어난 하나의 존성尊星이다. 이 성星은 반드시 길성吉星을 얻어야 하고, 장막을 펼치고, 담을 쌓고, 빗장을 달아서, 국국을 이루고 격격格을 갖추면, 바야흐로 능히 아름다운 혈을 맺게 된다. 만약 이 성星에 힘이 없다면, 반드시 좋은 땅을 형성하지 못할 것이다.

부모산父母山은 혈성穴星 뒤에서 혈성을 덮는 산이다. 하나의 길성吉星이 두 날개를 펼쳐야 능히 결작結作할 수 있다. 만약 그렇지 아니하면 혈을 맺을 수 없다.

태조와 소조는 대지大地에 속한 것인지 분별하고, 조종산은 중지中地의 용用에 속하는 것인지를 분별한다. 부모산은 소지小地의 용用이다. 만약 부모산도 없이 하나의 주성主星이 혈을 맺었다면 그것은 곁가지로 작게 맺힌 것이니 미미한 것이다.

太祖少祖祖宗父母之說 一步緊一步 凡擇地以自己之祖宗父母爲重 中下之地 少祖太祖 可置之不問者此常說也

到山川變化 難以拘定 有等純陽行龍 一路平坦直至 然頭頓起一星 穴便結在此星之上 不特不見祖宗之山 卽父母之山亦無 此等結作 又 不得以祖宗父母言也

태조太祖·소조少祖·조종祖宗·부모父母에 대한 설명은 한 걸음 한 걸음이 중요하다. 무릇 땅의 선택에는 자기 자신의 조종과 부모를 중요하게 생각하는 것이다. 중하의 땅은 소조와 태조를 따지지 않는 것이 일반적이다.

산천의 변화는 결정적으로 말하기가 어렵다. 순양純陽의 행룡行龍으로 한 방향으로 평탄하게 쭉 이어지던 산이 갑자기 머리를 일으켜 세워서 하나의 성星이 되면, 혈은 문득 이 성의 위에 맺힌다. 조종산을 볼 필요가 없다. 부모산도 없는 것이다. 또 이러한 결작結作은 조종과 부모를 말하지 아니한다.

제5절 변룡辨龍의 개요

1. 간룡지룡幹龍枝龍

枝幹者 辨龍之第一義也 從太祖上辨枝幹 則知大幹大枝 從少祖上辨枝幹 則知此一枝之幹之枝也

幹龍力大福厚 枝龍自然不及 地之大小 幹枝一辨立決也

幹龍多從中行 枝龍如左右手 兩邊護送 雨水來盡爲幹

亦有幹從一邊走 而枝龍俱分在一邊 其一邊幹則愈行愈有力 而一邊之諸枝 俱短縮不能長遠 此等幹龍由此一方有兩個祖山 其幹靠在兩界上走 故如是也

枝是幹之傍 分邊輕邊重 止收得一邊 水觀收水而幹枝分矣

又有枝中有幹 枝中枝 枝中幹者 雖得止收一邊大小 而自己祖宗 另起

一帳 帳下之水 齊合方面前而兩傍之砂 皆護水入局

枝中枝者 不過十分一枝 止收得一邊小水上堂 一賓一主 有情之小結
而矣

幹如人身之臍腹 枝如人手 枝中幹如人手之中指 枝中枝如人手之大
小指也

大幹爲郡縣將相之龍 枝中幹有格者亦可至二三品 須看其格之高下
而分之也

小枝則不過財丁耳

지간枝幹은 용을 판변判辨하는 데 제일 먼저 알아야 하는 것이다.
태조산太祖山 상上에서 가지와 줄기인 지간을 분변分辨하면 큰 줄기〔大
幹〕, 큰 가지〔大枝〕를 알 수 있고, 소조산少祖山 하上에서 지간을 분변하
면 한 가지〔一枝〕의 줄기〔幹〕와 가지〔枝〕를 알 수 있다.

간룡幹龍은 힘이 크고 복이 두터우며, 지룡枝龍은 자연히 그에 미치지
못한다. 대지大地와 소지小地는 간지幹枝를 분변하여 바로 결정한다.
간룡은 중앙으로 나아가는 것이 많고, 지룡은 좌우의 손과 같아서
간룡의 양변으로 달리면서 간룡을 호송護送한다. 빗물이 흘러와서
그치는 곳이 모두 간幹이 된다.

또 한쪽 변에서 달려 나가는 간룡이 있는데, 지룡도 한쪽 변에서
함께 분배된다. 그 일변一邊의 간룡은 앞으로 나아가면 갈수록 힘이
강력해지는데, 반면에 일변의 지룡은 모두 단축되어서 멀리 나아갈
수 없다. 이러한 간룡은 그로 인하여 한 지역에 두 개의 조산祖山이

있게 되는데, 그 간룡이 양쪽의 경계 상上을 달려가기 때문에 그와 같은 것이다.

지룡은 간룡의 곁에 있으며 가벼운 것과 무거운 것으로 나누어지고, 단지 한쪽 변만 거두어들인다. 물은 물을 받아들이는 것을 보고 간幹과 지枝로 나눈다.

또 지枝 중에 간幹이 있고, 지枝 중에 지枝가 있다. 지중간枝中幹은 비록 한쪽 변의 대소를 보고 거두어들이지만, 자기 조종祖宗이 따로 장막을 치는데, 장막 안쪽에 있는 물은 앞 쪽에서 합치고, 양 옆의 사砂가 모두 물을 감싸서 국국으로 들어가는 것이다.

지중지枝中枝가 있는 것은 지枝의 십분지일에 불과하다. 이것은 오직 한쪽 변의 작은 물을 거두어 당堂에 오르면, 한 개의 빈賓과 한 개의 주主가 유정有情한 소결小結을 이룬다.

간幹은 사람 몸의 배꼽과 같고, 지枝는 사람의 손과 같고, 지중간枝中幹은 사람의 가운데손가락과 같고, 지중지枝中枝는 사람의 엄지손가락이나 새끼손가락과 같다.

대간大幹은 군현郡縣의 장상將相이 되는 용이며, 지중간枝中幹에서 격국格局이 성립되는 것은 또한 이삼품二三品에 이를 수 있으니, 반드시 그 격국의 고저를 살펴보고 나누어야 한다.

소지小枝는 재물과 자손이 많지 않다.

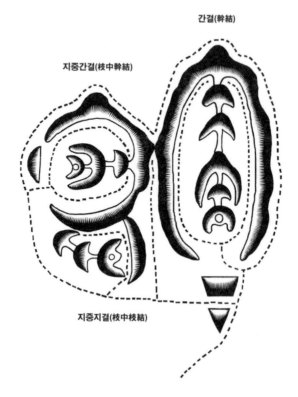

간결(幹結)

지중간결(枝中幹結)

지중지결(枝中枝結)

〈그림5〉 지간도枝幹圖

2. 탈사박환脫卸剝換

脫卸剝換者 乃脫去粗老 再換細嫩也 不論枝幹俱要看

蓋發龍之初 必是粗惡頑蠢 須一跌一斷 脫去凶頑 改換秀美 方能結作

故看龍必要看脫換也 凡龍皆從老博嫩而穴始成 又有一等龍既博嫩

後反換出老來此有兩法 一則于嫩處結美穴 而博出之頑星 去作水口

一則博老成祖 於下再博出嫩之成穴也

有等言龍迢迢而走 竝不跌斷博換 直至穴場 氣勢雄强 護從周密 大爲
俗人所喜 不知不經脫卸 殺氣未除 乃草寇滅族之大凶地也

탈사박환脫卸剝換은 거칠고 늙은 것을 벗어버리고, 다시 부드럽고
어린 것으로 바뀌는 것이다. 이것은 지간枝幹을 구분하지 말고 다
살펴보아야 한다.

무릇 용龍이 처음 생길 때에는 반드시 조악粗惡하고 완준頑蠢하기
때문에 마땅히 넘어지기도 하고 끊어지기도 하여야만 한다. 용이
흉하고 완고함을 벗어버리고 빼어나고 아름다운 것으로 바뀌면, 바야
흐로 능히 결작結作할 수 있다. 그러므로 용을 보면 반드시 탈환脫換을
살펴봐야 한다. 무릇 모든 용은 쇠약한 늙은 것이 생기 있는 어린
것으로 바뀌어야만 비로소 혈을 형성한다. 또 어떤 용은 이미 생기
있는 어린 용으로 바뀐 후에 다시 쇠약한 늙은 용으로 바뀌기도 하는데,
여기에는 두 가지 법이 있다. 하나는 생기 있는 용이 미혈美穴을 만들고
서 그것이 완성頑星으로 바뀌면서 앞으로 나아가 수구水口를 만드는
것이다. 또 하나는 쇠약하게 바뀐 용이 조산祖山을 이루고 그 아래에서
다시 생기 있는 지룡枝龍으로 바뀌면서 혈을 만드는 것이다.

세간에는 "용이 아득하게 멀리 달리고, 결코 질단跌斷이나 박환博換하
지 않고, 곧바로 혈장穴場에 이르러서 기세가 웅강雄强하고, 주변의
사砂로부터 주밀周密하게 보호받는 것"을 속인들은 매우 좋아 한다.
그러나 이것은, 탈사脫卸를 거치지 않아서 살기가 빠지지 않아, 도적들
에 의해 멸족을 당하는 대흉지가 되는 줄을 모르는 것이다.

74

3. 태복胎伏

胎伏者 龍脊上雌雄相顧之星 有此星則雌雄交媾成胎 前途方好成穴
其形乃一星之面向前 而一星開面向後 兩星之面相向 其後星爲雄曰
伏 前星爲雌曰胎 其龍脈則從胎星背後落去也〈金函〉云伏胎三十六
傳伏有十八格 胎有十八格也 此乃龍上辨結作之妙義 而世人多不識
有等盲術 乃于此星及金牛轉車中點天穴 奈之何哉
此圖係伏胎大象 共三十六格 詳〈金函經〉茲不贅

태복胎伏은 용龍의 척추 위에서 자웅雌雄이 서로 바라보는 성星이다.
이 성이 있으면 자웅은 서로 교구交媾를 통해 태胎를 이루는데, 장차
앞쪽에 좋은 혈이 형성된다. 그 모양은 하나의 성星의 얼굴이 앞을
향하여 보고 다른 성星이 얼굴을 열어서 뒤를 향하면 두 성星의 얼굴은
서로 마주보게 되는 것이다. 그 뒤의 성星은 웅雄이 되어 복伏이라
부르고, 앞의 성星은 자雌가 되어 태胎라고 부른다. 그 용맥龍脈은
태성胎星의 뒤에서부터 떨어져 나간 것이다. 『금함金函』에서 이르기
를, "복태伏胎 36전傳에는 복에 18격格이 있고, 태에 18격이 있다"
하였다. 이는 용을 보고 결작結作을 분변分辨하는 묘의妙義이다. 하지
만 세상 사람들은 대부분 모른다. 장님 같은 술사들이 이 성星을 보고
금우전거金牛轉車라고 하면서 천혈天穴을 찍으니, 이를 어찌하겠는가.
이 그림은 복태伏胎의 대상大象을 그린 것이며, 모두 36격이 있는데,
『금함경』에 자세히 나오므로 생략한다.

〈그림6〉복태伏胎

4. 기복起伏

世人論龍 多喜起伏 不知多起伏 非龍之美也 起伏是枝龍之體度 若大
幹龍 不論高山平岡 能挺腰直行不起星峰 竝無起伏 故曰正龍頭上不
生峰
若能平行數里 貴不可言 里許亦大貴 半里數箭亦結上龍之穴 人以起
伏爲妙 不知其妙處 正不在此 在一平直也

세상 사람들 중에는 용龍의 기복起伏을 좋아하는 사람이 많은데, 기복
이 많은 것은 용의 아름다움이 아니라는 것을 모른다. 기복은 지룡枝龍
의 체도體度이다. 만약 대간룡大幹龍이라면 높은 산이든 낮은 언덕이든
허리를 꼿꼿하게 세워서 곧 바로 직행하고 성봉星峰을 일으키지 않는

다. 따라서 기복이 없다. 그러므로 "정룡正龍의 머리 위에는 봉우리가 생기지 않는다"고 한다.

만약 수리數里를 평행하게 달리면 귀한 것을 다 말할 수가 없다. 일 리 정도라도 또한 대귀大貴하다. 반 리 정도나 화살이 닿을 수 있는 거리라도 상룡上龍의 혈을 만든다. 사람들은 기복起伏을 오묘한 것으로 여기지만, 진짜로 오묘한 것을 모르고 있다. 정말 오묘한 것은 기복에 있지 않고, 평평하고 곧은 평직平直에 있다.

5. 횡활橫闊

世人論龍喜直長 不知直長非龍之貴也 直長是賤龍之體度 若貴龍不
論高山平岡 能張翅橫闊 惟橫闊始能大迎大送 成出許多美格 惟橫闊
之龍 不論枝幹 俱出大貴人 以延長爲妙 不知妙處 正不在此 在一橫
闊也
凡天下妙道 必與庸論相反 一反庸論 便是妙道耳

세상 사람들은 용의 직장直長을 좋아하지만, 직장은 용의 귀한 것이 아님을 모른다. 직장은 천룡賤龍의 체도體度이다. 만약 귀룡貴龍이라 면, 높은 산이든 평평한 언덕이든 가리지 아니하고, 날개를 펴서 가로로 넓게 펼치는 횡활橫闊을 한다. 오직 횡활할 때에만 비로소 크게 맞이하 고 크게 내보내어서 대영大迎하고 대송大送하여 수많은 미격美格을 만들어낼 수 있다. 오직 가로로 넓게 트인 용만이 지간枝幹에 관계없이 모두 대귀인大貴人을 나오게 한다. 연장延長이 심오한 줄은 아는데,

그 심오한 곳을 정작 모르고 있다. 심오한 것은 이곳에 있는 것이 아니라 횡활에 있는 것이다.

무릇 천하에 심오한 도는 반드시 상식과 상반된다. 상식에 반하는 학설이 바로 오묘한 도인 경우가 많다.

제6절 격국格局

格局者 所以辨龍之貴賤者也 龍經博換之後 須看其有格無格 有格者 則爲貴龍 若無格雖體勢强旺 終不過發富發丁 不能發貴 顧有幹龍而 反不發貴 有係枝龍而反發淸貴 有格無格之故也

龍格之備 莫備於玉髓經泄天機二書 然百千難遇者 識之可 不識亦無 不可

余取其尋常必用者于左

격국格局은 용의 귀천을 분변하는 것이다. 용은 박환博換을 거친 후에 반드시 격格의 유무를 살펴봐야 한다. 격이 되면 귀룡貴龍이 되고, 만약 격이 없으면 비록 체세體勢가 강하고 왕성하여도 부富를 일으키고 자손을 일으킬 뿐이지 귀貴를 일으키지는 못한다. 돌이켜 보면, 간룡幹龍으로서도 귀貴를 발생하지 못하는 것이 있고, 오히려 지룡枝龍에 연결되어 청귀淸貴를 발생하는 것이 있는데, 그것은 유격有格과 무격無格의 차이다.

용격龍格의 설명은『옥수경玉髓經』과『설천기泄天機』에 갖추어져 있

다. 그것은 백천 가지 중에서도 만나기 어렵지만, 알면 가능하고,
또한 알지 못한다고 해서 불가능한 것도 아니다.

일상적으로 사용하는 것은 다음의 그림에서 볼 수 있다.

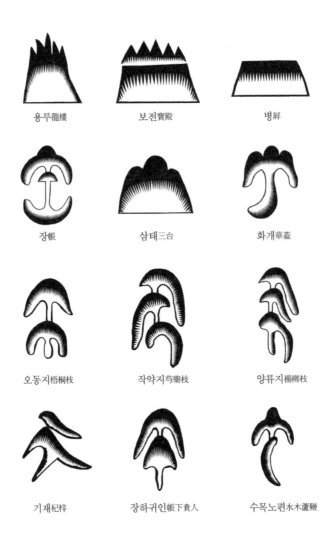

용루龍樓   보전寶殿   병병屛

장장帳   삼태三台   화개華蓋

오동지梧桐枝   작약지芍藥枝   양류지楊柳枝

기재杞梓   장하귀인帳下貴人   수목노편水木蘆鞭

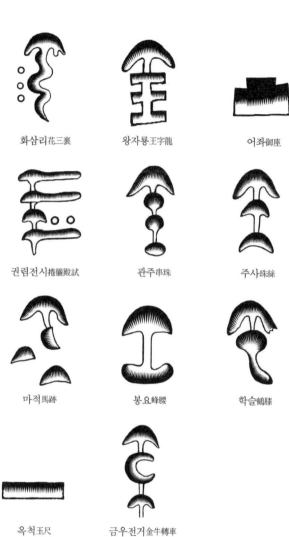

화삼리花三裏　　　왕자룡王字龍　　　어좌御座

권렴전시捲簾殿試　　　관주串珠　　　주사珠絲

마적馬跡　　　봉요蜂腰　　　학슬鶴膝

옥척玉尺　　　금우전거金牛轉車

〈그림7〉용격도龍格圖

제7절 지간요결枝幹要訣

1. 간룡幹龍

幹龍之平行硬長 嶺多不生峰 體度尊嚴 巍峨綿遠 或數千里 數百里
剝換纏度 若障天之水 若巡山之火 若連雲之金 若倒勢之木 若御屛之
土 徑行徑往 而不顧入 兩傍護衛 定然繁盛 如鎗旂之映日 君父之出入
其結穴多居峰巓之上 以高山爲局 其勢多順 用盡數千數百里山川 或
合聚講垣局力量甚重 多産淸貴上品人物 或王侯公相 或禁地 其隨龍
大界水 定是長江大河 源流甚遠

간룡幹龍은 평평하고 단단하며 길다. 고개는 많아도 봉우리가 생기지
는 않는다. 간룡의 체도體度는 존엄하고, 그 모양은 아득하게 높고
멀리 이어져 있다. 수천 리 또는 수백 리를 달리면서 박환剝換 전도纏度
한다. 마치 장천지수障天之水나 순산지화巡山之火나 연운지금連雲之金
이나 도세지목倒勢之木이나 또는 어병지토御屛之土와 같이, 직행하여
나가기만 하고 돌아보거나 들어가지 아니한다. 양쪽의 호위는 반드시
번성하여서, 창과 깃발이 햇빛에 빛나는 것이 마치 군부君父의 출입과
같다.

간룡의 결혈結穴은 산의 꼭대기 위에서 맺는 것이 많고, 높은 산을
국局으로 삼아 그 세력은 순順한 것이 많다. 수천 리 또는 수백 리의
산천 기운을 모두 다 사용하되, 혹 취합하여 원국垣局을 구성하면
역량이 심중甚重하여서 청귀한 상품上品의 인물이나 혹 왕후王侯나

공상公相이나 또는 금지禁地[30]에 기거할 인물이 많이 나오게 된다. 그 용을 따르는 대계수大溪水는 반드시 장강長江·대하大河이며, 그 원류는 매우 멀다.

入山之時 管細查此山祖宗始 來自何方 行從何方 盡從何方 左右兩水 從何處交會 交會之內 定有眞龍正穴 當登絕頂遠望諸山 何處起頂 何處過峽 何處團聚之處 何處散漫 其團聚之處 寔有融結 散漫處定是 行龍

初落中落末落 要知三個陰陽 或居起伏 或居平岡 或居平洋 惟在山水 聚會處求之耳

산에 들어갈 때에는 이 산의 조종祖宗의 시원을 자세하게 조사해야 한다. 어디에서 왔는가? 어디로 가는가? 어디에서 끝나는가? 좌우의 양수兩水는 어디에서 모이는가? 양수가 모인 곳에는 반드시 진룡정혈 眞龍正穴이 있다. 당연히 가장 높은 산의 꼭대기에 올라가서 멀리 수많은 산들을 바라보아야 한다. 어디에서 봉우리가 일어나고, 과협過 峽은 어디인지, 어디에서 기운이 단취團聚하며, 어디에서 흩어지는지 를 살펴야 한다. 그 기운이 단취하는 곳에는 반드시 융결融結이 있고, 흩어지는 곳에는 반드시 행룡行龍이 있다.

초락初落과 중락中落과 말락末落인 세 개의 음양을 알아야 하는데, 기복起伏에 있든지, 평강平岡에 있든지, 평양平洋에 있든지 간에 오로

---

30 禁地: 궁궐이나 도성 등 일반인의 출입이 금지된 곳에 사는 사람.

82

지 산수가 모이는 곳에서 구해야 한다.

2. 지룡枝龍

支龍之體 變換無常 形體抵小 多生峰巒 左右枝脚多偏生 形勢多短縮
出脈多偸閃 或脊背星體 如欄棲之木 如櫃庫之土 如滾浪之金 如流珠
之水 如爐中之火 行度多逶迤屈曲灣環 爲人結穴 多過龍 局坦多偏小
此言枝龍之大槪耳
若夫枝中之幹 幹中之枝 自己成了星辰 博換合了格局 力量可以自主
或傍祖而成家者 或挺然自立門戶而成家者 行度與幹龍無殊 但分遠
近之勢 別力量之大小耳

지룡枝龍의 체도體度는 변환이 무상無常하고, 형체는 낮고 작으며,
솟은 봉우리가 많다. 좌우의 지각枝脚은 치우친 편생偏生이 많으며,
형세는 짧게 줄어든 것이 많다. 지룡의 출맥出脈은 대부분 보일 듯
말 듯 하거나, 혹은 성체星體의 등성마루가 혹 란서지목欄棲之木이나
궤고지토櫃庫之土나 곤랑지금滾浪之金이나 유주지수流珠之水나 또는
노중지화爐中之火와 같다. 행도行度는 대부분 구불구불 굴곡이 많고
둥글게 둘러싸는 것이 많다. 사람을 위해 만들어지는 혈은 대부분
과룡過龍이고 국원局垣은 치우치고 작은 것이 많다. 이는 지룡의 개요
를 대략적으로 말하는 것이다.
만약 지중간枝中幹이나 간중지幹中枝가 이미 스스로 성신星辰을 이루어
마치고, 박환博換하여 격국에 합하면 역량力量이 스스로 주인이 될

수 있다. 혹 방계의 조상으로 한 집을 이루거나, 또는 남들보다 뛰어난 모양으로써 스스로 문호를 세워서 한 집을 이루는데, 그 행도行度는 간룡幹龍과 다르지 않다. 하지만 원근의 세력이 다르고 역량의 크기〔大小〕에 차이가 있다.

大幹則大聚 小幹則小聚 大枝則小聚 而小枝亦有聚焉 然聚雖有大小 而其理皆同 或陰盛陽衰而結陰 陽盛陰衰而結陽 要察枝幹之分 當究 體勢之落 乘盛枝蕃 須尋腰落 葉疏枝朗 盡處堪裁
幹脊大勢 若回曲中有貴枝亦堪作 若有雌雄兩枝 並出雄者爲主 雌者 爲護 若兩分無雌雄之分者 二者俱結 老幹生嫩枝 結穴必近嫩枝 博老 幹其行必遠 前低後低 中節高聳 情性面左 左邊尋穴 右亦如之 形勢 奇特 定是一局之尊 粗頑濁嶺 必是他山之垣 翻身回顧 局中有結 盡 頭砂飛水走 腰間定有堪攄

대간大幹은 크게 모인 것이고, 소간小幹은 작게 모인 것이고, 대지大枝도 작게 모인 것이고, 소지小枝 또한 모임이 있는 것이다. 취기聚氣에 비록 크고 작은 차이는 있지만 그 이치는 모두 같다. 혹 음陰이 성하고 양陽이 쇠하면 음결陰結이 되고, 양이 성하고 음이 쇠하면 양결陽結이 되니, 지枝와 간幹의 구분을 잘 관찰하고, 체세體勢의 낙처落處를 잘 탐구해야 한다. 성기盛氣를 올라타고 지룡이 무성하면 마땅히 요락腰落을 찾아야 하고, 잎이 드물고 지룡이 명랑明朗하면 진처盡處에서 찾아야 한다.

간척幹脊은 대세大勢가 만약 휘어서 굽은 중에 귀지貴枝가 있으면 또한 결작할 수 있고, 만약 자웅雌雄 양지兩枝가 있으면, 양지 중에 웅雄이 주主가 되고, 자雌는 호護가 된다. 만약 양지를 자웅으로 나눌 수 없다면, 둘 다 모두 결작한다. 노간老幹에서 눈지嫩枝가 나오면 혈은 반드시 눈지와 가까운 곳에서 맺는다. 노간이 박환하면 그 행로는 반드시 멀다. 앞뒤 모두 낮고 중간 마디는 높게 우뚝 솟았는데, 정성情性이 왼쪽에 있으면 왼쪽 편에서 혈을 찾는다. 오른쪽도 또한 이와 같다. 형세가 매우 특이하면 반드시 한 국의 어른이다. 거칠고 완고하며 혼탁한 고개는 반드시 다른 산의 울타리이다. 몸을 뒤척여 뒤돌아보면 국局 중에 결結이 있다. 용의 행로가 다하는 곳에, 사砂는 날고 물이 달리면 용의 요간腰間 중에서 반드시 찾아낼 수 있다.

3. 평지룡平地龍

又有平地行龍格 遺踪失跡最玄微 要知原脈是何施 兩水夾來是眞機
不然橫絶是東西 更有草蛇灰線堆 蘆鞭玉尺多平地 似有似無令人疑
要識中間線穿線 須明平地墩復墩 大而衆者小爲迹 小而衆者大爲特
如居高阜穴復平 直而復直灣中得 平中一突最爲奇 石穴傍水人莫識
更有盞內浮酥酪 池湖堅墩氣甚盈
以上諸訣 乃龍穴之眞髓 若夫九星博換 四星察脈 非時師所能知也
淵源之旨 珍之味之

또한 평지행룡平地行龍의 격격格이 있으니, 종적을 잃어버린 것이 가장 그윽하고 오묘하지만, 원맥原脈이 어떻게 나아가는지 알아야 한다. 양수兩水 사이에 끼인 것은 진기眞機이다. 그렇지 않고 가로 끊기는 것은 동서東西이다. 더군다나 풀뱀이나 회색 선 같은 언덕이나 노편蘆鞭과 옥척玉尺은 평지에 많은데, 있는 것 같기도 하고 없는 것 같기도 하여 사람들이 의심하게 한다. 중간선이 선을 가로지른다는 것을 알아야 하고 반드시 평지의 돈대墩臺 위에 또 다른 돈대가 있는지 분명히 해야 한다. 큰 것이 많은 것은 작은 것이 흔적이고, 작은 것이 많으면 큰 것이 특별하다. 높은 언덕에 머물면 혈은 다시 평평해지고, 곧고 또 곧으면 둥글게 휘어진 곳에서 얻는다. 평평한 가운데 우뚝 솟은 것이 가장 특별하며, 석혈石穴과 방수傍水에 대해서는 사람들이 알지 못한다. 또한 잔盞 안에 수락酥酪[31]이 떠 있는 것이 있고, 못과 호수에 있는 단단한 돈대의 기운은 이익이 아주 많다.

이상의 모든 요결은 용혈龍穴의 진수이다. 구성九星이 박환하고 사성四星의 맥을 살피는 일은 일반 지사地師가 알 수 없다. 근원의 취지이니 진기하게 여기고 음미하여라.

泄天機以生死強弱順逆進退 辨龍美惡 其言曰 生是昂首多節曰 死是
無起伏 强是奔走勢力弘 弱是瘦稜層 順是開睜向前往 逆是望後去
進是龍神節節高 退是漸蕭條 生强順進皆爲好 富貴兼壽考 死弱逆退
最爲凶 夭折受貧窮

---

31 酥酪: 소나 양의 젖을 가공하여 만든 식료품.

以此辨龍 未嘗不是 然是庸淺之論 龍法之妙 在辨枝幹以分大小 別星
辰以定吉凶 惟疑龍撼龍望龍三經 始得山川之眞性情 眞結法 方見天
造地設 一定之妙理 然其理精深 難與不知者道也

『설천기泄天機』는 생사生死, 강약强弱, 순역順逆, 진퇴進退로 용龍의
미오美惡를 분변한다. 그 말에 의하면 "생生은 머리를 들고 마디가
많고, 사死는 기복이 없다. 강강强强은 분주하고 세력이 넓고, 약약弱弱은
수척하고 모릉나 층층層이 있다. 순순順順은 눈을 부릅뜨고 앞을 향해 가고,
역역逆은 뒤를 바라보고 간다. 진進은 용의 정신이 점점 높아지고, 퇴퇴退는
점점 마르고 시들어 생기가 없어진다. 생生·강강强·순순順·진進은 모두
좋고, 부귀하고 또 오래 산다. 사死·약약弱·역역逆·퇴退는 가장 흉하여,
빈곤하고 단명한다."
이렇게 용을 분변하는 것이 옳기는 옳다. 그러나 이것은 일반론이다.
용법龍法의 오묘함은 지간枝幹을 분별하여 대소를 나누고, 성신星辰을
분별하여 길흉을 정하는 것이다. 오직 『의룡疑龍』, 『감룡撼龍』, 『망룡
望龍』의 세 권의 책에서 산천의 진짜 성정性情과 진짜 결법結法을
얻을 수 있고, 바야흐로 천조지설天造地設에 일정하고 불변하는 묘리가
있는 것을 볼 수 있다. 하지만 그 이치는 정미롭고 심오하여 모르는
사람에게 말하기 어렵다.

제8절 용龍의 행도行度

大幹龍行度 其體硬 硬者不生峰起伏也 其行折 折者如北來南向之
龍 投東一程 又投西一程 作大之玄而走 不宜行也 其砂齊 齊者左右
二砂齊到排衙也 其水出 出者從面來交織而去也 其局順 順者收左
右兩水也

次者曰大枝龍 大枝行度 其體强 强者大起大伏也 其行側 側者面向一
邊也 其砂蓋 蓋者順水而下也 其水朝 朝者之玄朝穴也 其局逆 逆者
收一邊大水也

대간룡大幹龍의 행도行度는 그 체體가 단단하다. 단단한 것은 봉우리를 만들어서 기복起伏을 만들지 않는다. 그 움직임은 방향을 바꾸는 데, 방향을 바꾸는 것은 북쪽에서부터 남쪽으로 향하는 용이 한 번은 동쪽을 향해 가고, 또 한 번은 서쪽을 향해 가서 커다란 현자玄字 모양을 만들며 달리는 것으로 그냥 행行이라고 하는 것은 적당하지 않다. 그 사砂는 가지런한데, 가지런한 것은 좌우의 두 사砂가 가지런히 줄지어 서는 것이다. 그 수水는 나오는데, 나오는 것은 앞으로 따라 나오면서 좌우로 교차해가는 것이다. 그 국局은 순順한데, 순한 것이란 좌우의 두 물을 받는 것이다.

다음은 대지룡大枝龍이다. 대지룡의 행도는 그 체가 강하다. 강한 것이란 기복이 큰 것이다. 그 움직임은 기우는 것인데, 기울어짐이란 얼굴이 어느 한쪽 변을 향하는 것이다. 그 사砂는 덮는 것인데, 덮는

것이란 물을 따라서 흐르는 것이다. 그 수水는 알현하는데, 알현한다는
것은 지현之玄이 혈에 대해 알현하는 것이다. 그 국局은 역逆하는
것인데, 역이란 한쪽의 큰물을 받는 것이다.

再次曰枝中幹 群枝之幹也 此龍行度 其體動 動者多起伏也 其行正
正者直行向前也 其砂或蓋或收 蓋者上砂蓋過穴主貴 收者下砂逆過
穴主富 其水抱 抱者前水橫過穴前 如帶抱身也 其局橫 橫者收一邊水
過堂也
枝中枝龍之行度 其體弱 弱者不能起峰 偶起伏也 其行斜 斜者斜趨于
一邊也 其砂配 配者立得一砂爲用 自相配也 其水短 短也者收一少水
也 其局雜 雜者或順或逆或橫也
此乃山川之性情 結作之定例 有是龍則有是局 有是局則有是龍 雖山
川變化 人面不同 而規矩所在 不能大踰越者也 人能熟此 則見局知龍
步龍知局矣

그 다음 지중간枝中幹인데 무리를 이루는 지枝 중의 간幹이다. 이
용의 행도는 그 체가 움직이는 것인데, 움직임이란 기복이 많은 것이다.
그 행은 바른 것인데, 바른 것은 앞을 향해 곧바로 나가는 것이다.
그 사砂는 덮거나 받는 것인데, 덮는 것이란 상사上砂가 혈을 덮고
지나가는데 귀貴를 주관하고, 받는 것이란 하사下砂가 혈을 거슬러
지나가는데 부富를 주관하는 것이다. 그 수水는 감싸 안는데, 감싸
안는 것이란 물이 혈 앞에서 옆으로 지나가며 띠가 사람의 몸을 감싸

안는 것과 같다. 그 국은 횡횡인데, 횡이란 한쪽 물이 혈 앞을 지나가는 것이다.

지중지룡枝中枝龍의 행도는 그 체가 약하다. 약한 것은 봉우리가 일어날 수 없고, 우연한 기복이 있는 것이다. 그 행은 기우는데, 기우는 것이란 한쪽 편을 향해 기울며 달리는 것이다. 그 사砂는 짝짓는데, 짝짓는 것이란 하나의 사砂를 얻어 사용하고, 스스로 배필을 맞이하는 것이다. 그 수水는 짧은데, 짧은 것은 작은 물줄기를 받는 것이다. 그 국은 복잡한데, 복잡하여 혹 순順하기도 하고, 혹 역逆하기도 하고, 혹 횡횡하기도 한다.

이것은 산천의 성정性情으로 결작結作의 정해진 법식이다. 용이 있으면 국이 있고, 국이 있으면 용이 있다. 비록 산천은 변하고, 사람의 얼굴은 같지 않아도, 법칙이 있어 크게 차이가 나지 않는다. 사람들은 이것을 익힐 수 있어서 국을 보면 용을 알게 되고, 용을 보면 국을 알게 되는 것이다.

제9절 과협천전過峽穿田

過峽穿田 卽龍法之大博換也 然龍之大小貴賤 穴之正側順逆高低 其情俱露于峽中 故另立一法論也 過峽穿田 兩者雖俱是龍之大斷處 以串田是陽氣 過峽是陰氣 陽氣喜舒 故串田宜平坦長闊展舒 一邊有護 則一邊不必有護 不畏風吹 惟大幹龍眞貴龍始有此

과협過峽과 천전穿田은 용법龍法의 큰 박환博換이다. 그러나 용의 대소
와 귀천, 혈의 정측正側과 순역順逆과 고저高低의 정상情狀은 모두
협峽 중에서 나타난다. 그러므로 따로 법론法論을 세운다. 과협과
천전, 이 두 가지는 비록 모두 용이 크게 끊어진 곳이라는 점은 같지만,
관전은 양기이고, 과협은 음기이다. 양기는 펼침을 좋아하니, 관전串田
은 마땅히 평탄하며 길고 넓게 펼쳐져 있어야 한다. 한쪽이 보호해주면
다른 한쪽은 보호할 필요가 없으며, 바람이 부는 것을 두려워하지
않는다. 하지만 대간룡大幹龍이나 진짜 귀룡貴龍이라야 이것이 있다.

蓋山係陰體 而能兼陽氣以行 自然好也 陰氣喜斂 故峽宜短宜緊 兩邊
俱要緊夾 大忌風財 不論枝幹龍俱有之 蓋不過峽 則不能入博換也
大龍之峽 大開大帳 大迎大送 兩邊天乙太乙吉星 夾拱峽中 前後多結
好穴 所謂峽前峽後好尋龍也 此等之峽 前去必結上等貴穴 若大勢長
狹而不開張 護從單薄而不重疊 夾拱空缺而不周密 則漸殺而漸下矣

대개 산은 음체陰體이므로 양기를 겸해서 행하는 것이 자연히 좋다.
음기는 수렴을 좋아해서 협峽은 당연히 짧고 빡빡하고 양변은 모두
좁은 사이에 끼여 있어야 한다. 모두 풍재風財를 크게 꺼린다. 지룡이든
간룡이든 다 갖추고 있다. 대개 과협過峽이 없으면 박환博換에 들어갈
수 없다. 대룡의 협峽은 큰 장막을 크게 늘어놓고, 크게 맞이하며
크게 배웅한다. 양쪽의 천을天乙, 태을太乙 같은 길성吉星이 협중峽中에
둘러싸여 있으면, 앞과 뒤에 좋은 혈이 많다. 소위 '협의 앞과 협의

뒤에서는 용을 찾기 쉽다'고 말한다. 이러한 협은 앞으로 가면 반드시 상급의 귀혈이 결작한다. 만약 대세大勢가 길고 좁아서 개장開張되어 있지 않고, 호종護從이 간단하고 얇아서 중첩되지 않거나, 둘러싸는 것이 비고 부족하여 주밀周密하지 않으면, 점점 살기殺氣를 띠고, 점점 하급의 혈이 된다.

凡峽中測龍 來大去小者其作穴必近 來小去大者 其作穴尙遠 峽中測 氣 陽峽平坦 而坦中有珠絲馬跡之形 陰峽緊細 而細中有蜂腰鶴膝之 格 此爲淸秀之氣發現 其結穴必貴 若庸庸無奇 則爲平常之氣也 峽中 測穴 凡高過者 結穴必低 低過者 結穴必高 正過者 結穴必正 側過者 結穴必側 一邊過而廻頭 必結廻龍顧祖之穴也 峽法諸穴議論紛紛 顧 大要亦不出此

대체로 협 가운데에서 용을 측정하는데, 크게 오고 작게 가는 것은 혈을 반드시 가까운 곳에 만들고, 작게 오고 크게 가는 것은 혈을 반드시 먼 곳에 만든다. 협 가운데에서 기를 측정하는데, 양협陽狹은 평탄하고, 그 평탄함 가운데에 주사마적蛛絲馬跡[32]의 형이 있다. 음협陰 峽은 빽빽하고 세밀한데, 세밀함 중에 봉요학슬蜂腰鶴膝[33]의 격이 있다.

---

32 주사마적蛛絲馬跡: 과협의 맥이 미세하여 끊어질듯 이어지는 것을 거미줄에 비유하고, 물거품처럼 부풀어서 끊어졌다가 다시 이어진 모양이 말발굽이 연속되는 것 같음을 비유함. 평탄한 곳에 있으며 양협陽峽에 속한다.

33 봉요학슬蜂腰鶴膝: 과협의 맥이 벌의 허리처럼 잘록하게 된 것과 학의 무릎처럼 볼록하게 된 것을 비유함. 기가 왕성함을 나타내는 표현이며, 음협陰峽에 속한다.

이것은 맑고 수려한 기의 발현이니, 그 혈은 반드시 귀한 것이 맺힌다. 만약 평범하고 특별함이 없으면, 평상平常의 기이다. 협 가운데에서 혈을 측정하는데, 무릇 높게 건너가는 것은 혈이 반드시 낮은 곳에 만들어지고, 낮게 건너가는 것은 혈이 반드시 높은 곳에 만들어지며, 바르게 건너가는 것은 혈이 반드시 바르게 만들어지고, 한쪽으로 기울어져 건너가는 것은 반드시 혈도 기울어진다. 한쪽 가장자리로 건너가면서 머리를 돌리면, 반드시 회룡고조廻龍顧祖[34]의 혈이 만들어진다. 협법峽法에서 언급되는 모든 혈에 대한 의론이 분분하지만 대요는 이것을 벗어나지 않는다.

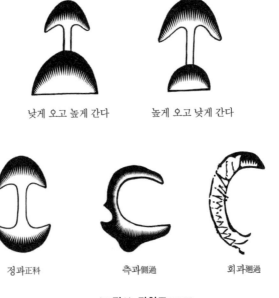

낮게 오고 높게 간다　　　　높게 오고 낮게 간다

정과正科　　　　측과側過　　　　회과廻過

〈그림8〉 과협도過峽圖

---

34 廻龍顧祖: 산의 맥이 180도로 삥 돌아서 본산本山과 서로 마주함.

제2장 혈법穴法

제1절 사락四落

四落者 大龍之結穴 有四種落法也

初落者于近祖處卽結 此處氣勢雄猛 大忌粗頑 以秀嫩爲主 發福連而
不久耐

中落者大龍從腰結 古云 大地多從腰裏落 回轉餘枝作城郭是也 此處
氣旺勢聚 只六四勢逼窄 以寬展爲妙 主發福厚大

末落者盡龍之結也 山龍近陽 恐氣零散 要局勢强旺 羅城周密 方爲大
龍蓋結力量極大 發福極久也 若于脈盡氣散之處 誤認盡龍 必敗絶矣

分落者枝結也 枝結亦有高下 以氣勢龍格辨之

사락四落은 대룡大龍이 혈을 맺는 것인데 네 가지 낙법落法이 있다.
초락初落은 조산祖山과 가까운 곳에서 바로 만들어진다. 이곳의 기세는
굳세고 맹렬하나, 거칠고 완고한 것을 크게 꺼리니 빼어남과 부드러움
이 주가 되고, 발복發福이 연속되지만 오랫동안 지속되지는 못한다.
중락中落은 대룡이 요결腰結하는 것이다. 예로부터 전해오되, "대지大
地는 대부분 허리의 안쪽을 따라 혈이 맺으며, 회전하는 나머지 지枝가
성곽城郭을 만든다"는 것이 이것이다. 이곳은 기가 왕성하고, 세가
모이지만, 단지 육사六四[35]는 세가 비좁기 때문에 넓게 펼쳐지는 것을

---

35 육사六四는 주역周易의 괘卦에서 사효四爻가 음효陰爻인 경우인데 산 허리가

좋다고 한다. 발복은 주로 두텁고 크다.

말락末落은 진룡盡龍의 결結이다. 산룡山龍은 양에 가까워져서 기가 흩어져 없어지는 것을 두려워한다. 국세局勢가 강하고 왕성하며 나성羅城의 분포가 빈틈이 없어야 바야흐로 대룡이 역량을 매우 크게 맺고 발복 또한 아주 오랫동안 지속될 것이다. 만약 맥이 다하여 기가 분산되는 곳을 진룡으로 오인하면 반드시 실패하고 끊어진다.

분락分落은 지결枝結이다. 지결에도 또한 높고 낮음이 있어서 기세로써 용의 격을 분별한다.

제2절 오결五結

五結者 直橫回飛潛也
四落之脈 各自有龍 從龍正頭結者曰直結 側身向一邊結者曰橫結 翻身逆轉向祖宗者曰回結 在山巓結者曰飛結 落平田結者潛結

오결五結은 직直·횡橫·회回·비飛·잠潛이다.
사락四落의 맥이 각자 용을 가지고 있는데 용의 머리 중앙에 맺는 것을 직결이라 하고, 몸 옆으로 한쪽 변을 향하여 맺는 것을 횡결이라 하고, 몸을 뒤집어 거꾸로 조종祖宗을 향하여 맺는 것을 회결이라 하고, 산꼭대기에 맺는 것을 비결이라 하고, 평전平田에 하락下落하여 맺는 것을 잠결이라고 한다.

좁고 날카롭게 생긴 것을 가리킨다.

제3절 태식잉육胎息孕育

主星後一頂曰胎 胎下束咽曰息 主星頂曰孕 成穴處曰育 此四字 乃葬
法之緊關 于此辨陰陽 察生氣之所也

주성主星의 뒤에 있는 꼭대기를 태胎라 하고, 태 아래의 목을 묶는
것을 식息이라 하고, 주성의 꼭대기를 잉孕이라 하고, 혈을 이루는
곳을 육育이라 한다. 이 네 가지는 장법葬法의 긴요한 관문이다. 이것에
서 음양을 분변하고 생기가 있는 곳을 살핀다.

제4절 주성입수主星入首

主星者 作穴之星也
要成星開面 陰陽相含 成一結穴之局 方爲有結作 其結作之大局有九
曰正體開面 曰開口 曰垂乳 曰雙臂 曰單提 曰弓脚 曰側腦 曰沒骨
曰平面 約而言之 則窩鉗乳突是也 此爲大象穴形 不如此則不結矣

주성主星은 혈을 만드는 성星이다.
봉우리(星)를 만들어 얼굴을 열고 음양이 서로 품어서 혈을 맺는
국을 이루면 바야흐로 결작結作이 있다. 결작의 대국大局에는 아홉
가지가 있는데, ①정체개면正體開面, ②개구開口, ③수유垂乳, ④쌍
비雙臂, ⑤단제單提, ⑥궁각弓脚, ⑦측뇌側腦, ⑧몰골沒骨, ⑨평면平
面이다. 요약하면 바로 와窩·겸鉗·유乳·돌突이다. 이것은 혈형穴形의

대상大象인데 이와 같지 않다면, 혈이 맺어지지 않는 것이다.

主星旣成星開面 乃于此星面之上 察其垂下之脉 曰入首龍 此脉再細
一細 曰束氣 乃微起一突 曰化生腦 腦下爲穴場也 說雖如此 然有陰
陽兩樣 曰陰脈 則起脊分明而易見 陽曰氣 則平坦隱微而難明 而陰脈
却不如陽氣之美 今人不分皂白 槪曰脈氣 其粗甚矣

주성主星이 이미 봉우리〔星〕를 이루고 얼굴을 열면, 이 봉우리와 얼굴
에서 밑으로 드리워진 맥脈을 살피는데, 이를 입수룡入首龍이라 한다.
이 맥이 다시 가늘어져 아주 가늘게 된 것을 속기束氣라 하고, 이에
미세하게 튀어나온 것을 화생뇌化生腦라 하고, 뇌 아래는 혈장穴場이
된다. 비록 말은 이렇게 하지만 음양의 두 가지 모양이 있다. 음陰은
맥이라 하는데 등성마루가 명확하게 솟아 있어 쉽게 보이고, 양陽은
기라 하는데 평평하고 희미하여 분명하지 않다. 그래서 음맥陰脈은
오히려 양기만큼 아름답지 않다. 요즘 사람들은 흑백을 가리지 못하고
그냥 맥기脈氣라고 말하는데 그 조잡함이 심하다.

제5절 삼세三勢

三勢者 結穴之山 有坐立眠三勢也
立者如人挺身而立 其氣上浮 則結天穴 作仰高凭高騎龍等穴 坐者
如人曲身而坐 其勢中藏 則結人穴 作壓殺藏殺等穴

眠者如人平臥 其氣下行 結地穴 作脫殺懸乳藏龜等穴

삼세三勢는 혈이 맺힌 산으로서 좌坐·입立·면眠의 세 가지 자세가
있다.

입立은 사람이 몸을 곧게 세운 것과 같다. 그 기는 위로 올라가 천혈天穴
을 맺고, 앙고仰高[36], 빙고凭高[37], 기룡騎龍[38] 등의 혈을 만든다.

좌坐는 사람이 몸을 구부리고 앉아있는 것과 같다. 그 세가 중간에
감추어져 있어 인혈人穴을 맺고, 압살壓殺, 장살藏殺[39] 등의 혈을 만든다.

면眠은 사람이 평평하게 누워있는 것과 같다. 그 기는 아래로 가서
지혈地穴을 맺고, 탈살脫殺[40], 현유懸乳[41], 장구藏龜[42] 등의 혈을 만든다.

제6절 사살四殺

四殺者 扦穴乘生避殺之法也

殺者 尖利直硬是也 穴中垂乳堅硬 或龍虎頭尖硬 則向高虛坦中點穴
壓殺氣下下 曰壓殺穴也 左右二砂 外邊有殺氣 則于中停不見殺處點

---

36 仰高: 높은 산의 정상에 맺힌 혈이다. 개법蓋法을 사용한다.

37 凭高: 높은 산의 머리 아래에 있는 혈로 개법蓋法을 사용한다.

38 騎龍: 높은 산등성이脊椎 위에 있다. 당법撞法을 사용한다.

39 藏殺: 산의 허리에 있는 혈로서 당법撞法이나 의법倚法을 사용한다.

40 脫殺: 산의 몸체 아래에 있으며 점법粘法을 사용한다.

41 懸乳: 산기슭에 있는 혈로서 유두혈乳頭穴이라고도 한다. 점법粘法을 사용한다.

42 藏龜: 평지에 있는 작은 겸鉗이나 작은 돌突에 있는 혈이다. 점법粘法을 사용한다.

穴 穴不見殺曰藏殺也 穴星硬而脈氣尖利 宜于下邊裀褥平中下穴 脫
離殺氣 曰脫殺穴也 穴星一邊硬直 或龍虎一邊尖硬 則舍殺一邊 于一
邊秀嫩處立穴 閃過其殺 曰閃殺也 亦是蓋擅倚撞之意

사살四殺은 혈을 꽂아 생기를 타고 살기를 피하는 법이다.

살殺은 날카롭고 예리하며 곧고 단단한 것이다. 혈의 가운데에 유乳를
드리웠으나 굳고 단단하거나, 혹 용호龍虎의 머리가 뾰족하고 단단하
면, 높은 곳의 평평한 부분에 점혈點穴하여 살기를 아래로 억압하는
것을 압살혈壓殺穴이라 한다. 좌우에 두 개의 사砂가 있고 바깥쪽에
살기가 있으면, 즉 중간에 멈춰서 살殺이 보이지 않는 곳에 점혈을
하는데 혈에서 살이 보이지 않는 것을 장살藏殺이라 한다. 혈성穴星이
단단하고 맥기脈氣가 날카로우면 아래쪽의 인욕裀褥의 평평한 중에
혈을 만들어 살기를 이탈하는 것이 마땅하니 이를 탈살혈脫殺穴이라
한다. 혈성穴星의 한쪽이 단단하고 곧거나 용호의 한쪽이 뾰족하고
단단하면, 즉 한쪽의 살殺을 버리고 다른 쪽의 수려하고 부드러운
곳에 혈을 세우고, 그 살을 피하여 지나가는데, 이를 섬살閃殺이라
한다. 또한 개蓋·천擅·의倚·당撞의 의미이다.

제7절 기룡騎龍

又有結騎龍者 在山脊上結

騎龍有三 皆在龍脊上 若來大去小 去山開面 向轉坐來朝去 曰順騎龍

若來小去大 土山開面成星結穴 以來龍爲案 曰倒騎龍 若龍夯側向一
邊成星結穴 前有堂氣朝立向 曰橫騎龍

또한 등성마루 위에 기룡騎龍을 맺기도 한다.

기룡에는 세 가지가 있는데, 모두 용의 척추 위에 있다. 만약 크게
오고 작게 가되, 산이 가서 얼굴을 열고, 방향을 돌려서 좌坐가 오고
조朝가 가는 것을 순기룡順騎龍이라 한다. 만약 작게 오고 크게 가되,
토산土山이 얼굴을 열어 봉우리를 만들고 혈을 맺어서 내용來龍을
안案으로 삼으면 이를 도기룡倒騎龍이라 한다. 만약 용의 척추가 기울
어져 옆으로 향하고, 한 쪽에 봉우리가 생기고 혈이 맺혀서, 앞에
당기堂氣가 있고 조朝가 입향立向하는 것을 횡기룡橫騎龍이라 한다.

제8절 참관斬關

有結斬關者 在龍略倍處結

斬關亦像騎龍 作法相同 但騎龍係山川原自結作 斬關則出于人巧也
斬關者 龍腰中間有團聚局面可穴 則斬其氣而用其局 或一龍秀美 前
頭曲去變作粗頑 其秀美盡處有堂氣龍威可以扦作 則宜掘出水窩 斬
其秀氣 而扦斬關 無看完法 存乎人之目明心巧而已

참관斬關은 용이 작아지거나 커지는 곳에 맺어진다.

참관斬關도 기룡騎龍과 비슷하여 작법作法이 서로 같다. 하지만 기룡은
산천이 원래 스스로 결작結作한 것이고, 참관은 인공적으로 만들어진

것이다. 참관은 용의 허리 중간에 혈이 될 만한 생기가 결집되어 있는 국면局面에서, 그 기를 베어 그 국을 사용하는 것이다. 혹은 하나의 수려한 용이 앞머리 부분이 굴곡하면서 거칠고 완고하게 변하는 경우에 그 수려함이 다하는 곳에 당기堂氣가 있어 용의 위엄이 있으면 끼워서 만들 수 있다. 마땅히 물 나가는 구덩이를 파서, 그 수기秀氣를 베고 참관을 끼워야 한다. 완전한 법은 없는데 사람의 눈이 밝으면, 마음이 기교를 부리는데 맡길 뿐이다.

以上諸法 結作之常也 至于變怪 則有閃結偸結孤結露結 變變化化 難以言盡 備具于後云

이상 모든 법은 결작의 통상적인 것이다. 변괴變怪한 것, 즉 섬결閃結·투결偸結·고결孤結·로결露結에 대해서는 그 변화를 말로 다하기 어려우므로, 뒤에 따로 설명할 것이다.

제9절 개蓋·전糰·의倚·당撞과 낙두落頭

蓋糰倚撞四者 乃穴法之精妙 大勢細情 俱要用此四法者也
以大勢言之 凡高穴曰蓋 中停曰撞 低穴曰糰 偏穴曰倚
以細情言之 于圓暈中靠上曰蓋 正中曰撞 近下曰糰 靠一邊曰倚
以脈氣言 則氣緩用蓋 可緩急用撞 脈急用糰下 無肉地用倚
以避殺言 則壓殺是蓋 藏殺是撞 脫殺是糰 閃殺是倚

以倒杖言 則順縮裁沒是蓋 開通是倚 離綴是糧 穿對是撞

此四字原出十二落頭 有其十二字 此四字可活用 餘八字則是硬穴之

法云

개蓋·전糧·의倚·당撞 네 가지는 혈법穴法의 정묘함이다. 혈의 대세大
勢와 세정細情은 모두 이 사법을 이용한다.

대세로 말하자면, 무릇 고혈高穴은 개蓋, 중정中停은 당撞, 저혈低穴은
전糧, 편혈偏穴은 의倚라고 한다.

세정으로 말하자면, 원훈圓暈 가운데서 위로 기대어 있는 것을 개,
한 가운데 있는 것을 당, 아래쪽에 가까운 것을 전, 한쪽으로 기대어
있는 것을 의라 한다.

맥기脈氣로 말하자면 기가 느리면 개를 이용하고, 느리지도 급하지도
않으면 당을 이용한다. 맥이 급하면 전하[糧下]를 이용하고, 육지肉地[43]
가 없으면 의를 이용한다.

피살避殺로 말하자면, 압살壓殺은 개, 장살藏殺은 당, 탈살脫殺은 전,
섬살閃殺은 의다.

도장倒杖[44]으로 말하자면 순順·축縮·재裁·몰沒은 개, 개開·통通은 의,
이離·철綴은 전, 천穿·대對는 당이다.

개·전·의·당, 이 네 글자는 원래 12낙두落頭에서 나왔는데, 열두
글자에서 이 네 글자만 활용한 것이다. 나머지 여덟 글자는 바로

---

43 肉地: 쓸 만한 땅

44 倒杖: 재혈裁穴한 후에 관을 안치할 자리를 지팡이로 표시하는 것.

경혈硬穴의 법을 말한 것이다.

十二落頭 曰蓋糧倚撞 挨倂斜揷 斬截鉤墜 楊公以落頭作十二倒杖
十二落頭者 論入之細性情也 至倒杖則發出用法之妙理矣

십이낙두落頭는 개蓋·전糧·의倚·당撞·애挨·병倂·사斜·삽揷·참斬·
절截·구鉤·추墜를 말한다. 양공楊公은 낙두로 12도장倒杖을 만들었다.
12낙두는 혈에 들어가는 자세한 성정性情을 논한다. 도장에 이르러
용법의 묘리가 나왔다.

倒影落頭 詳金函經註中 三十六穴 詳立錐賦 十二倒杖有專書

도영倒影과 낙두落頭는 『금함경』의 주석에서 자세히 설명하고 있고,
36혈穴은 『입추부立錐賦』에서 자세히 설명하고 있고, 12도장倒杖은
따로 전문서가 있다.

제10절 도영倒影, 도장倒杖

十二倒影 曰天穴 地穴 人穴 仙宮穴 紐絲穴 單提穴 水穴 三停穴
曲池三停穴 通容穴 金盤荷葉穴 開釜穴 其後楊公從倒影 推演爲三十
六穴 十二倒影者 論穴之大形局也

12도영倒影[45]은 천혈天穴·지혈地穴·인혈人穴·선궁혈仙宮穴·유사혈紐

絲穴·단제혈單提穴·수혈水穴·삼정혈三停穴·통용혈通容穴·금반하엽혈金盤荷葉穴·개부혈開釜穴을 말한다. 그 후에 양공楊公이 도영에서 36혈을 끌어냈다. 12도영은 혈의 대형국大形局을 논한다.

龍有高低斜正曲直之形 故有十二倒影 三十六穴之法 倒影者 因形求穴之關竅也 龍有剛柔緩急之性 故有十二倒杖落頭之法 倒杖者 察性定穴之妙理也 先以倒影定其大槪 後以倒杖盡其精微 則形得而理亦得 氣和而性亦宜 兩法去一不可 此古人之妙 所以不可及也

용에는 고저高低·사정斜正·곡직曲直의 형이 있다. 그래서 12도영과 36혈의 법이 있다. 도영倒影이란 모양을 통하여 혈을 구하는 관규關竅[46]인 것이다. 용은 강유剛柔·완급緩急의 성질을 가진다. 그래서 12도장과 낙두의 법이 있다. 도장倒杖은 용의 성격을 살펴서 혈을 정하는 묘리이다. 먼저 도영으로 그 대개大槪를 정하고, 후에 도장으로 정미精微하게 한다. 즉 형形을 얻으면 이理도 얻어지며, 기가 화합하면 성性 또한 도리에 맞다. 양법兩法에서 하나를 없애는 것은 불가하다. 이것은 고인의 묘법이므로 그에 미칠 수가 없기 때문이다.

---

45 倒影: 그림자가 거꾸로 비침. 거꾸로 비친 그림자.
46 關竅: 중요한 핵심이라는 뜻.

제11절 명당明堂

明堂有四 曰小明堂 內明堂 中明堂 外明堂

小明堂者 金魚水合處 略有平坦是也 此係穴之有無眞假是爲要緊 龍
虎內曰內明堂 曰內陽 案內曰 中明堂 曰中陽 案外曰 外明堂 曰外陽

三堂者 乃穴前之正面 合砂水二者而其成者也 一圈是砂 中央之平是
水 故總論于砂水二者之後 內堂宜緊而聚氣藏風 外堂宜寬而收朝取
勢 中堂宜平正圓淨

大小與龍穴相稱 龍穴大而明堂小 則規模狹隘 龍穴小而明堂大則散
漫不收 大略宜正不宜斜 宜圓不宜缺 宜橫不宜直 宜平不宜偏 宜坦不
宜嶮 宜窩不宜突 使諸水聚會二砂關顧爲善

故云明堂容側臥者 言小明堂也 明堂宜緊不宜寬者 言內明堂也 明堂
最宜緊畜者 言中明堂也 明堂容萬人者 言外明堂也

명당에는 네 가지가 있는데 소명당小明堂·내명당內明堂·중명당中明堂
·외명당外明堂이 그것이다.

소명당은 금어수金魚水가 만나는 곳으로 약간 평탄한 것이다. 이것은
혈의 유무와 진가眞假를 가리는 데에 요긴한 것이다. 용호의 안을
내명당이라 하고 내양內陽이라 하기도 한다. 안案의 안쪽은 중명당
또는 중양中陽이라 하고, 안案의 바깥쪽은 외명당 또는 외양外陽이라
한다. 삼당三堂은 혈 앞 정면에서 사砂와 수水 두 가지가 합쳐져 이루어
진 것이다. 울타리가 되는 것은 사砂이고, 중앙의 평평한 곳은 수水이

다. 그래서 사砂와 수水의 두 가지에 대해 종합적으로 말한다. 내당은 빈틈이 없어서 기를 모으고 바람을 막아야 하고, 외당은 넓어서 조회朝會를 받고 세를 취하여야 하며, 중당은 평평하여 치우침 없으며 모나지 아니하고 깨끗해야 한다.

명당의 크기는 용혈과 잘 어울려야 한다. 용혈이 크고 명당이 작으면 규모가 작고 좁다. 용혈이 작고 명당이 크면 산만하여 거둘 수가 없다. 대개 바르게 생겨야 하고 기울어서는 안 된다. 모가 나지 않아야 하고, 이지러져서도 안 된다. 옆으로 누워야 하고, 곧게 생겨서는 안 된다. 평평해야 하고, 치우쳐서는 안 된다. 평탄해야 하고, 험해서는 안 된다. 굴처럼 오목해야 하고, 불룩하게 나오면 안 된다. 모든 물이 모여서 만나고, 두 사砂가 빗장을 잠그고 돌아보게 하는 것이 좋다. 옛말에도 "명당은 옆으로 누워 있는 것이 좋다"고 했는데, 이는 소명당을 말한 것이고, "명당은 빈틈이 없어야 하고, 크고 넓어서는 안 된다"고 했는데, 이는 내명당을 말한 것이고, "명당은 기운을 빽빽하게 모으는 것이 가장 좋다"고 했는데, 이는 중명당을 말한 것이고, "명당은 모든 사람을 받아들이는 것이 좋다"고 했는데, 이것은 외명당을 말한 것이다.

地有四堂俱足者 有無外堂者 有內中二堂合一者 須活法看之 又有好龍好穴而明堂而不法者 亦不爲大害者 若溪澗之水 最不喜穿中明堂宜抱繞案外爲善 澗水穿堂 必非貴穴

땅에는 네 가지 명당을 모두 갖춘 것도 있고, 외당이 없는 것도 있고, 내명당과 중명당이 하나로 합쳐져 있는 것도 있으니, 모름지기 그 활법活法을 보아야 한다. 또 용이 좋고 혈이 좋으면 명당이 법에 맞지 아니하더라도 또한 크게 해롭지 않다. 흐르는 골짜기 물이 명당을 가로 지르는 것은 가장 좋지 않고, 안案의 바깥을 둘러싸는 것이 좋은 것이다. 계곡물이 당堂을 뚫고 가로지르면 결코 귀혈貴穴이 아니다.

三分三合者 第一化生腦分水 下合于小明堂 第二穴星後小八字分水 下合于中明堂 第三祖宗山大八字分水 下或合于中明堂 或合于外明 堂 此謂三分三合也 小明堂之合 必合于穴前 若大小八字之水則穴有 直斜橫回之不同 或合于前 或合于後 或合于左 或合于右 不必執定在 穴前者也

삼분삼합三分三合이란, 제1은 화생뇌化生腦에서 물을 나누어서 소명당 小明堂에서 합치는 것이다. 제2는 혈성穴星 뒤의 소팔자小八字에서 물을 나누어 중명당中明堂에서 합치는 것이다. 제3은 조종산祖宗山의 대팔자大八字에서 물을 나누어 중명당, 혹은 외명당外明堂에서 합치는 것으로 이를 삼분삼합이라 부른다. 소명당에서 합칠 때에는 반드시 혈의 앞에서 합쳐지지만, 대소팔자大小八字의 물은 혈의 직直·사斜·횡 橫·회回에 따라서 다르게 흐르므로, 두 물이 혈 앞에서 합치기도 하고 뒤에서 합치기도 하고, 좌에서 또는 우에서 합쳐질 수도 있다. 반드시 혈 앞에서 합쳐져야 하는 것은 아니다.

제12절 혈장穴場

龍旣結穴 必有一暈如太極圈也 此暈上下左右 分眞龍眞穴眞砂眞水
四者

何爲眞龍 球是也 卽化生腦 腦上若微微有蓋下之紋 半月之形 曰王輪
更妙 穴若無球 則無上分 爲無眞龍

何爲眞穴 卽暈心之微凹凸者也 凹深而明曰窟 窟中復起小突曰息 凸
高而顯曰突 突上復生小凹曰脈 脈窟曰羅紋 突息曰土宿 穴無羅紋土
宿 則陰陽不交 爲無眞穴

용이 혈을 맺으면 반드시 하나의 훈暈[47]이 있는데 그것은 태극권太極圈
과 같다. 이 훈은 상하좌우로 진룡眞龍·진혈眞穴·진사眞砂·진수眞水
의 네 가지로 나눈다.

무엇이 진룡인가? 구球가 그것인데, 즉 화생뇌化生腦[48]이다. 뇌 위를
반달 모양의 무늬로 아주 작게 덮은 것은 "왕륜王輪이 다시 묘하다"고
한다. 혈에 구球가 없으면, 상분上分도 없고, 진룡이 될 수도 없다.

무엇이 진혈인가? 바로 훈심暈心이 약간 오목하고 볼록한 것이다.
오목함이 깊고 분명한 것을 굴窟이라 하고, 굴 중에서 다시 조금 솟은
것을 식息이라 한다. 볼록함이 높이 솟아 드러나는 것을 돌突이라

---

47 暈: 햇무리, 달무리 따위와 같이 색다른 빛으로 어떤 것의 중심을 향하여 고리
　　모양으로 둘린 테.

48 化生: 천지의 음양이 합하여 새로운 것이 태어나는 일.

하고, 돌 위에 다시 조금 들어간 것을 맥脈이라 한다. 맥脈과 굴窟을 나문羅紋이라 하고, 돌突과 식息을 토수土宿라 한다. 혈에 나문과 토수가 없으면 음과 양이 교류하지 않아서 진혈이 되지 못한다.

何爲眞砂 兩傍夾穴之微砂曰牛角砂 以其甚薄 又曰蟬翼砂也 若無牛角蟬翼 爲無眞砂

何爲眞水 砂內界穴之微水曰蝦鬚水 兩水分處曰蟹眼 兩水合處曰金魚 穴無蟹眼 則無上合 無金魚 則無下合 爲無眞水也 金魚之內曰脣 卽脣口也

穴果眞則四眞必具 其砂水兩者 必有一邊明一邊暗 謂之股明股暗 曰陰陽相交 若有一不具 則陰陽不交 而非眞穴矣

무엇이 진사眞砂인가? 혈을 양쪽으로 끼고 있는 작은 사砂를 우각사牛角砂[49]라 하고, 매우 엷은 것을 또 선익사蟬翼砂[50]라 한다. 만약 우각과 선익이 없다면 진사가 되지 못한다.

무엇이 진수眞水인가? 사砂 내부의 혈에 있는 작은 수水를 하수수蝦鬚水[51]라고 한다. 두 개의 수水로 나누어지는 곳을 해안蟹眼[52]이라 하고,

---

49 牛角砂: 송아지 뿔처럼 뾰족하게 솟은 모양으로 대개 돌로 뭉쳤다고 함.

50 蟬翼砂: 혈 양쪽에 엷은 두께로 도두룩하게 만들어진 모양으로 혈판을 끌어안듯 혈의 기운을 보호하는 사이다.

51 蝦鬚: 혈의 양쪽으로 내려온 물줄기가 혈 앞에서 합쳐지는데 그 모양이 가늘고 미세하여 흡사 새우의 수염 같다고 하여 하수라고 함.

52 蟹眼: 혈 뒤에서 물이 八자 모양으로 두 갈래로 나뉘는 모양을 게의 눈과 비슷하다

두 개의 수水가 합쳐지는 곳을 금어金魚라고 한다. 혈에 해안이 없으면 상합上合이 없고, 금어가 없으면 하합下合도 없으므로 진수가 되지 못한다. 금어의 내부를 첨簷이라 하는데, 바로 순구脣口이다.

혈장穴場이 진짜가 되려면 네 가지 진眞을 모두 갖추어야 한다. 사砂와 수水의 둘은 반드시 한쪽은 밝고 한쪽은 어두워야 한다. 그것을 고명股明과 고암股暗이라 하고 음양이 서로 교합한다고 말한다. 만약 하나라도 갖추어지지 않은 것이 있으면 음양이 교합하지 않으므로 진혈眞穴이 아니다.

穴暈四眞 非有一顯明白之象 乃似有如無 非有非無 隱隱融融 最難察識者 宜細心求之 有近看而見者 有遠看方見者 有對面而見者 有橫看可見者 仔細看路 方能了然

혈훈사진穴暈四眞은 명백하게 드러나는 상象이 있는 것이 아니다. 그래서 있는 것 같기도 하고 없는 것 같기도 해서 있는 것도 아니지만 없는 것도 아니다. 깊고 깊이 숨어 있어서 관찰하여 찾아내기란 참으로 어려운 것이다. 마땅히 세심하게 살펴보아야 한다. 가까이에서 보아야 보이는 것도 있고 멀리서 보아야 보이는 것도 있고, 마주 대하고 보아야 보이는 것도 있고 또한 옆에서 보아야 보이는 것도 있다. 자세하게 보아야만이 비로소 분명한 모양을 찾을 수 있는 것이다.

고 하여 해안이라고 함.

脈息屈突四象 是廖公所取 以此論穴情 最爲精妙 但其論陰陽 與楊相
反 廖以窟爲老陰 寔老陽也 以突爲老陽 寔老陰也 以脈爲少陰 寔少
陽也 以息爲少陽 寔少陰也

陽氣浮 陰氣沉 陽氣緩 陰氣急 葬法之吞吐浮沉 出于陰陽 故不得不
講明

맥脈·식息·굴窟·돌突의 네 가지 상은 료공廖公이 취한 것이며, 이것으
로 혈정穴情을 논하였는데, 가장 정묘하다. 그러나 음양을 논하는
방식이 양공楊公과 상반된다. 료공은 굴窟을 노음老陰이라 하였는데
이것은 양공의 노양老陽에 해당하고, 돌突을 노양老陽이라 하였는데
이것은 양공의 노음老陰이다. 맥脈을 소음少陰이라 하였는데 이것은
양공의 소양少陽이고, 식息을 소양少陽이라 하였는데 이것은 양공의
소음少陰이다.

양기는 위로 뜨고, 음기는 가라앉는다. 양기는 느리고, 음기는 급하다.
장법葬法의 탄토부침吞吐浮沉은 음양에서 나왔으므로 여기서 분명하
게 말하지 않을 수 없다.

제13절 장법葬法

陽落性緩而氣浮 故葬宜急而吞 淺而浮 方乘得其氣 若吐而沈 則失生
氣矣

陰落性急而氣沉 故葬宜緩而吐 深而沉 方得乘其氣 若吞而浮 則失生

開葬之法 非于其山亂開妄鑿也 氣藏于山 必形于外 其當開鑿之處
亦必有微情現出 爲微凹微凸之形立于此處 則砂水自然有情安當 乃
于此開鑿之者也 截乘生氣 必要鑿中氣方是 若不中生氣 鑿因鑿矣而
又何益乎

개장開葬하는 법은 산을 함부로 파는 것이 아니다. 산이 생기를 간직하
면 반드시 바깥에 모양이 나타난다. 개착開鑿해야만 하는 곳에는 또한
반드시 약간의 혈정穴情이 나타나는데, 그 자리에 약간 오목하거나
약간 볼록한 형태가 있다. 즉 사砂와 수水는 자연히 유정有情하고
알맞은 것이다. 여기에서 개착이란 것은 생기를 끊어서 타는 것이므로,
반드시 생기에 적중하도록 파야 한다. 만약 생기에 적중하지 않으면,
땅만 팔 뿐이지, 아무런 이익이 없다.

제15절 기형괴혈奇形怪穴

奇形怪穴者 穴星變怪不作正形正象也 如物如器 氣脈奇巧而不常 或
水走砂飛 形局醜拙而可駭 或結于疑險之處 如高巓水低其駐處非人
情 或結于頑惡之星 如天罡孤曜其結處用開鑿 皆爲奇形怪穴

기형괴혈奇形怪穴은 혈성穴星이 괴이하게 변하여 정형정상正形正象을
만들지 못한 것이다. 마치 기물器物처럼 기맥이 기이하고 교묘하여
평상과 다르다. 혹 물이 달리고 사砂가 날아서 형국이 지저분하고
졸렬함이 가히 놀랄만하거나, 또는 의심스럽고 위험한 곳에 맺혀서

높은 산꼭대기나 물속처럼 일반적으로 머물 곳이 아니거나, 혹 성질이
억세고 사나운 봉우리에 맺혀서 천강天罡, 고요孤曜와 같이 개착開鑿하
여야만 하는 것들은 모두 기형괴혈이다.

大幹貴龍之結作 七分是奇怪三分是正形 枝中幹龍及氣厚之龍 則決
結正形正象 蓋穴庸則出人亦庸 穴奇出人亦奇 故欲求上等之地 不可
不知奇形怪穴也 余于今日更有一說 其正形正象之地前人俱已葬過
留至今日者 多奇形怪穴耳 烏可不急講乎

대간大幹과 귀룡貴龍의 결작結作은 70퍼센트는 기형괴혈奇形怪穴이고,
30퍼센트는 정형정상正形正象이다. 지중枝中의 간룡幹龍과 기운氣運
이 두터운 용은 정형정상을 만든다. 대개 혈이 평범하면 나오는 사람도
평범하고, 혈이 기이하면 나오는 사람도 기이하다. 그래서 높은 등급의
땅을 구하려면 기형괴혈을 모르면 안 된다. 오늘날 나는 하나의 주장을
가지고 있다. 즉 정형정상의 땅은 옛사람들이 이미 모두 장사를 지내서
지금까지 남아 있는 것은 대부분 기형괴혈이다. 어찌 급하게 설명하지
않을 수 있겠는가.

제3장 사법砂法

제1절 상사하사上砂下砂

夫砂者 所以護龍身 衛區穴 布局勢者也 龍無砂護則孤單 穴無砂護則
飄散 局若無砂 則將何物作布置也

砂法多端 以上下二砂爲最緊 上砂者 隨龍順水 蓋穴之砂也 其道主舒
放 內護生氣 外張大勢 下砂者逆水而上 護穴之砂也 其道主收斂 所
以阻遏山水之行勢 而使之駐足也

二砂之中 上砂尤緊 觀上砂可以測穴氣之貴賤 氣貴則上砂蓋來重數
多 上砂俱來護氣也 若氣賤 則蓋來者少而單薄矣

무릇 사砂는 용신龍身을 보호하고, 혈의 영역을 지키고, 국국의 세력을
펼친다. 용은 사砂가 보호해주지 않으면 홀로 외롭고, 혈은 사砂가
보호해주지 않으면 기운이 빠지고 흩어진다. 만약 국국에 사砂가 없으
면 무엇을 가지고 펼쳐놓을 수 있겠는가.

사법砂法은 복잡 다단해도 상하의 두 개의 사砂가 가장 요긴하다.
상사上砂란 용과 물을 따르면서 혈을 덮어주는 사砂이다. 상사上砂의
도는 주로 서방舒放으로 펼쳐놓는 것인데 안으로는 생기를 보호하고
밖으로는 세력을 크게 벌린다. 하사下砂란 물을 거슬러 올라가서 혈을
보호하는 사砂이다. 하사下砂의 도는 주로 수렴收斂하는 것으로서
산과 물이 아래로 흘러가는 세력을 막아서 기운을 머무르게 하는

역할을 한다.

두 사砂 중에서는 상사上砂가 훨씬 더 중요하니, 상사를 보면 혈의 귀천을 알 수 있다. 만약 기가 귀한 것이면 상사는 여러 번 두텁게 덮어서 모두 함께 혈을 보호하고, 기가 천한 것이면 덮는 것이 적어서 얇고 외롭다.

蓋山水一夫婦也 凡山見水 俱要去收水 無奈氣貴 只得背水來護氣耳
氣貴則其局開張 上砂蓋來得多 則局勢闊大 若上砂薄 則水逼城脚
冲龍割穴矣 尤要能蓋過穴前爲美 蓋上砂過穴 則能間隔客水不使上
堂 而內氣完固也 凡貴龍必不收客水 只收自己之水 客水者係他龍食
殘之水 他自然不敢到貴穴之前 而貴穴自然不食他人之殘食者也

대개 산수는 하나의 부부이다. 무릇 산山이 수水를 보면, 산은 수를 거두어들여야 한다. 수水가 귀한 것이 아니면 수를 등져서 자신의 기를 보호하지만 수水가 귀한 것이면 국局을 열어서 펼친다. 상사上砂가 덮어주는 것이 두터우면 국세局勢가 넓고 크다. 만약 상사가 얇아서 수가 성각城脚[53]을 위협하면, 용과 충돌하고, 혈을 해친다. 상사上砂가 혈 앞을 덮고 지나가면 아름다운 것이다. 대체로 상사가 혈을 덮고 지나가면 객수客水[54]와는 간격을 두게 되므로 객수가 당堂에 오르지

---

53 城脚: 羅城과 水城의 뿌리가 城처럼 둘러쳐진 모양.

54 客水: 타 지방에서 흘러들어오는 물. 큰물이 지는 시기가 아닌 때에 갑자기 불어나는 강물.

못하게 하여서 내기內氣는 완전하고 튼튼하다. 무릇 귀룡貴龍은 결코 객수를 받아들이지 않고, 단지 자기 자신의 물을 받는다. 객수客水란 다른 용이 먹고 남은 물이다. 이 물은 감히 귀혈貴穴의 앞을 지나가지 못하고, 귀혈은 당연히 다른 용이 먹다 남은 것을 먹지 않는다.

若夫下砂只要有一般逆轉 不論長短大小 便能成穴矣 只有貴穴少下
砂者 必無少上砂而能結貴穴者
故廖公曰 上砂作案 大地多有之也 下砂一轉之外 其餘下砂 若順水飄
夫世人之所最惡 不知此係貴徵富丁之地不能有也 楊公曰 或如刀 或
如劍 順水斜流飛冉冉 時師到此斷離鄉 不知內有眞龍佔 又云雖然有
袖穴不見 官不離鄉任何受
此是看下砂訣 非庸淺之夫可知

하사下砂에는 일반적으로 역전逆轉[55]이 있어야 하는데, 역전이 있으면 장단長短 대소大小에 관계없이 바로 혈을 만든다. 또한 귀혈貴穴에 하사가 적은 경우는 있어도, 상사上砂가 적은데도 귀혈이 만들어지는 경우는 없다.

그래서 료공이 말하기를 "상사上砂가 안案을 만든 것이 대지大地 중에 많이 있다. 하사下砂가 역전을 하고, 나머지 하사들이 물을 따라 흘러가는 것을 세상 사람들은 가장 싫어하는데, 그것은 귀貴하고 부富한 땅과 관계가 있음을 모르는 것이다"라고 하였다. 양공이 말하기를

---

55 逆轉: 형세가 뒤바뀜 = 逆砂, 逆水.

"용이 칼과 같거나 검과 같아서 물을 따라 비껴 날고 차차 멀리 사라져 가는 모양을 보면, 평범한 지사地師들은 이것을 이향사離鄕砂라고 단정하는데, 그것은 그 안에 진룡眞龍이 있음을 모르는 것이다"라고 하였고, 또 말하기를 "비록 소매가 있어서 혈이 보이지 않는다고 하나, 벼슬하는 사람이 이향離鄕하지 않고서 어떻게 임지任地를 받을 것인가" 하였다.

이것은 하사下砂를 보는 비결로서 어리석고 평범한 사람이 알 수 있는 내용이 아니다.

世人言龍開口便說起伏 抑知大幹硬腰不起伏 言局開口便說逆局 抑知大幹龍必結順局 言砂便言逆砂 抑知富局出逆砂 貴局不出逆 砂 言水開口便說來朝 抑知賤地見水朝 貴地只說暗拱 庸師之所習 說 衆人之所習聞 以爲妙者 種種與眞道相背謬 此道之所以日流日 下而不返也

세상 사람들은 용을 말할 때, 입만 열면 기복起伏이라는 말을 하는데, 생각건대 대간大幹은 허리가 단단하여 기복하지 않는다. 국국을 말할 때에는 입만 열면 역국逆局이라는 말을 하는데, 생각건대 대간룡大幹龍은 반드시 순국順局을 맺는다. 사砂를 말할 때에도 역사逆砂라고 말하지만, 부국富局에서는 역사가 나오지만 귀국貴局에서는 역사가 나오지 않는다. 수水를 말할 때에도 입만 열면 내조來朝라고 하지만 천지賤地에서는 수조水朝를 보지만, 귀지貴地에서는 단지 암공暗拱[56]만 말한다.

평범한 지사地師들이 익히 하는 말이나 대중들이 익히 들은 말들이 묘법으로 보이는 수가 있지만, 진도眞道와 상반되는 오류가 종종 있다. 이 도는 매일매일 아래로 흘러가는 까닭에 돌아오지 않는 것이다.

제2절 전안원조前案遠朝

案者近穴之對山 朝者案外之遠山也

朝山亦曰應星 取其與穴相應之故也 穴有有案無朝者 有有朝無案者 有朝案俱足者 有朝案俱無者 無者只以明堂爲主 此不具論 今且論有朝案者

朝案二者 以案爲緊朝次之 案者主山之賓也 旣有好主 必有賢賓 要開面有情 端正可愛爲上 若反背擁腫 粗頑醜陋 則不吉矣 縱穴結果正不能出貴 且必有不足 若遠朝但要尖挺秀麗 便爲貴徵 方圓次之 破碎歪斜則歪不足也

안案은 혈 가까이에서 혈과 마주보는 산이다. 조朝는 안案 밖에 멀리 있는 산이다.

조산朝山을 응성應星이라고도 하는데, 그것은 혈과 상응하기 때문이다. 혈에는, 안案만 있고 조朝가 없는 것, 조朝만 있고 안案이 없는 것, 조朝와 안案이 모두 있는 것, 조朝와 안案이 모두 없는 것이 있다. 조朝와 안案이 없는 것은 단지 명당을 주로 하기 때문에 여기서는

---

56 暗拱: 혈에서는 보이지 않는 물.

논하지 않는다. 여기서는 조朝와 안案이 있는 것을 논한다.

조朝와 안案 중에서는 안을 더 중요한 것으로, 조를 다음으로 본다. 안案은 주산主山에 대한 손님인 빈賓이다. 좋은 주인이 있으면 반드시 어진 손님이 있는데, 그것은 앞을 열고 유정有情해야 하며, 단정하고, 사랑스러운 것이면 좋다. 만약 등을 돌려 옹색하거나, 거칠고, 누추하면 불길한 것이다. 설령 혈이 바르게 맺어진다 해도 귀貴한 것이 나올 수 없고 반드시 부족한 것이 있다. 조朝는 멀리 있어도 빼어나고 아름다우면 귀한 징조가 된다. 네모나고 둥근 것은 그 다음이고, 부서지고 비뚤어진 것은 바르지 못하고 부족한 것이다.

제3절 후락개좌後樂蓋座

樂者近穴之坐山 蓋座者穴後之大山也

撞背之龍穴授卽係來龍 不復論樂座 若斜落橫結之穴 穴與來龍不正串 故要論樂座也 橫龍必要後樂 無樂則背後空虛而無靠矣 樂山不論本龍帶來與他山來湊巧者 只要端嚴有情便吉

蓋座亦曰照星 取其從後照穴之義 蓋座大地方有 而尋常之地不能有如有蓋座則貴矣 蓋座以土星御屛爲上 大金星次之 尖聳之山爲否 尖聳則勢單也

낙樂은 혈 가까이에 있는 좌산坐山이다. 개좌蓋座는 혈의 뒤에 있는 큰 산이다.

내룡來龍이 등 뒤쪽으로 들어와서 혈이 된 것은 낙樂이나 좌座를 다시 논하지 않는다. 만약에 용이 옆으로 비스듬히 떨어져 횡으로 결작한 것은 혈과 내룡來龍이 바로 꿰어지지 않은 경우에는 낙과 좌를 논해야 한다. 횡룡橫龍에는 반드시 낙樂이 있어야 한다. 낙樂이 없으면, 뒤가 비어 있고, 기댈 곳이 없다. 낙산樂山은 본룡本龍에서 붙어 나온 것과 다른 산으로부터 와서 모이는 것을 가리지 않으며, 단지 바르고 위엄이 있고 유정有情하면 길한 것이다.

개좌蓋座는 또한 조성照星이라고 하는데 그것은 "혈의 뒤를 비춘다"는 뜻을 가진다. 개좌는 큰 지방에 있는 것으로 평범한 곳에는 있을 수가 없다. 그러나 개좌가 있으면 귀한 것이다. 개좌는 토성土星으로써 병풍을 펼치는 것을 최고로 여기고, 대금성大金星은 그 다음이다. 뾰족하게 솟은 산은 좋지 않으니, 뾰족하게 솟은 것은 세력이 고단하기 때문이다.

朝座二星 座之星力大 于朝好地必要有好座 若好座 卽小枝龍 亦出近 君之貴 然穴中作用 則以朝爲先務 若兩者不能兼收 蓋舍座而取朝 以朝在前而急 坐在後而可緩也 後座美而不正 不能作正印之官 穴後 若有御屛之星 必出侍從之貴 此其可結者

조朝와 좌座 두 성星 중에는 좌성座星의 힘이 크다. 조朝가 좋은 곳에는 반드시 좋은 좌座가 있어야 한다. 만약 좋은 좌가 있으면 바로 소지룡小枝龍이더라도 또한 군주를 가까이 하는 귀족이 나온다. 그렇지만 혈

가운데의 작용에 있어서는 조朝가 먼저 힘을 쓴다. 만약 두 가지를 겸하여 받을 수 없다면, 대개는 좌座를 버리고 조朝를 취한다. 조는 앞쪽에 있어서 빠르고, 좌는 뒤쪽에 있어서 느리다. 후좌後座는 아름답지만, 바르지 않으면 정인正印의 관官을 만들 수 없다. 혈 뒤에 만약 병풍과 같은 어병지성御屛之星[57]이 있으면, 반드시 시종侍從하는 귀족貴族이 나오니, 혈을 맺을 만하다.

제4절 좌룡우호左龍右虎

龍虎二砂 乃衛穴緊要之砂 與他砂可緩者不同 最要開面抱有情 不宜硬面腫飽 以肩高頭伏爲合格 大忌折腰昂頭 昂頭則欺主 折腰則風入射穴也

然此二砂 正變不同 有兩砂齊到者 有兩砂齊無者 有邊有邊無作單提者 有一長一短作仙宮者 有兩砂交抱過穴作維繪者 有主星无砂 以父母山分砂抱穴星爲虎龍者 有本身無龍虎 而借客山來作龍虎者 有一邊是自己的 而一邊借客山來湊者 種種不同 不必拘泥 只要來龍氣到 成得局起 便自結穴 不必以此爲應也

용龍과 호虎 두 사砂는 혈穴을 지키는 데에 꼭 필요한 사砂이다. 기운이 느슨해도 괜찮은 다른 사砂와는 다르다. 가장 중요한 것은 얼굴을 열고 감싸 안아서 유정有情한 것이고, 얼굴이 단단하고 부어올라서는

---

57 병풍을 두른 것 같이 생긴 산.

안 된다. 용호의 어깨가 높고 머리를 숙이면 합격이다. 가장 꺼리는
것은 허리가 끊어지고 머리를 드는 것이다. 머리를 드는 것은 주인을
기만하는 것이고, 허리가 끊어지는 것은 바람이 들어와서 혈을 쏘게
된다.

그러나 이 두 사砂는 정正과 변變이 같지 않다. 가지런한 양사兩砂,
가지런하지 못한 양사兩砂, 한쪽은 있고 다른 쪽은 없어서 단제單提[58]를
만드는 것, 한쪽은 길고 다른 쪽은 짧아서 선궁仙宮[59]을 만드는 것,
교차하여 둘러싸면서 혈을 지나 유회維繪[60]를 만드는 것, 주성主星은
있고 사砂는 없어서 부모산父母山이 사砂를 나누어 혈성穴星을 둘러싸
호룡虎龍이 되는 것, 본신本身은 있지만 용호龍虎는 없어서 객산客山을
빌려 용호를 만든 것, 한쪽은 자신의 것이고 다른 쪽은 객산을 빌려
모으는 것 등이 있다. 그렇게 각각 다르지만, 반드시 이에 얽매일
필요는 없고, 단지 내룡來龍의 기가 이르러 국局을 이루면 문득 자연히
혈이 만들어진다. 반드시 이렇게 꼭 상응해야 할 필요는 없다.

---

58 單提: 청룡만 있고 백호만 있는 것은 좌단제, 백호만 있고 청룡이 없는 것은
우단제라 한다.

59 仙宮: 왼쪽이 길고 오른쪽이 짧으면 좌선궁, 오른쪽이 길고 왼쪽이 짧으면 우선궁
이라 한다.

60 維繪: 청룡과 백호가 교차하여 겹치는 것.

제5절 협사夾砂

夾砂者 龍虎之外 穴星兩傍 有挺起特秀之山拱夾主穴 俗云穴耳山
是也 若在龍身兩傍 謂之太乙天乙 此乃大貴之砂 非貴龍貴穴 則不
能有之

협사夾砂는 용호龍虎 외에 혈성의 양 옆에 솟아오른 유달리 아름다운
산으로서 주혈主穴을 안아서 끼고 있는 것인데, 속어로 혈이산穴耳山이
라 한다. 만약 용신龍身의 양 옆에 있다면 이를 태을太乙, 천을天乙이라
하고, 이는 매우 귀한 사砂이다. 귀룡貴龍에 귀혈貴穴이 아니면 있을
수 없는 것이다.

제6절 관귀금요官鬼禽曜

官者案外拖出之砂 有明暗二格 明者再起一峰 穴上見者曰現面官星
暗則長拖而出 穴上不見者也
鬼者穴後餘出之砂 擁于穴後者也
曜者龍虎拖出之砂 亦有明暗兩格 明者從龍虎嘴頭發出 橫于穴前者
曰明曜 從龍虎嘴後拖出者曰暗曜
此三者皆貴龍發現之秀氣 非三合八座魁元鼎甲之結 則不能有也 龍
局俱好 若無三種秀氣 甲第卑下 作官不過手令 若中下龍局 不過富厚
發丁而已

禽星者 乃小圓墩在下手水邊皆是 在水口者曰羅星也 若在明堂內曰
患眼山 在穴前曰墮胎山 在龍虎內曰抱養山 皆爲不吉論
詳羅星 玆不贅

관官은 안案에서 바깥으로 끌어 나온 사砂로서 명암明暗의 이격二格이
있다. 명明은 봉우리가 다시 일어난 것인데 혈 위에서 보이는 것을
현면관성現面官星이라 한다. 암暗은 길게 끌어 나와 혈 위에서는 보이지
않는 것이다.

귀鬼는 혈 뒤에서 여기餘氣로 만들어진 사砂로서 혈穴의 후면을 둘러싼다.
요曜는 용호龍虎의 바깥으로 끌어 나온 사砂로 이 또한 명암으로 나누어
진다. 명은 용호의 주둥이와 머리에서 나온 것으로 혈 앞에 가로
놓인 것은 명요明曜라고 부르고, 용호의 주둥이 뒤에서 끌어 나온
것은 암요暗曜라고 부른다.

이 세 가지는 모두 귀룡貴龍이 발현한 수기秀氣이다. 삼합三合, 팔좌[61],
괴원[62], 정갑[63]의 결結이 아니면 있을 수 없는 것이다. 용龍과 국국이
함께 좋아도 만약에 세 가지 수기秀氣가 없다면, 과거시험에 합격을
해도 품격이 낮고 관직을 얻어도 수령[64]에 불과하다. 만약 중하中下의

---

61 八座: 중국 한나라에서 육조六曹의 상서尚書 및 일령一令 및 일복一僕을 통틀어
   일컬음. 수당隋唐에서 좌우 복야僕射와 육상서六尚書의 통틀어 일컬음.

62 魁元: 과거시험에서의 수석 합격자.

63 鼎甲: 과거의 전시殿試의 합격자 중 가장 우수한 세 사람. 즉 장원壯元, 방안榜眼,
   탐화探花의 세 명을 가리킴. 봉건사회에서 세족 중 문벌이 가장 높은 집.

64 手令: 낮은 관직을 지칭함.

용국龍局이라면, 부유한 사람이 나올 뿐이다.

금성禽星은 작고 둥근 돈대[65]로서 모두 하수下手의 물가에 있다. 수구水口에 있는 것은 나성羅星이라 하고, 명당 안에 있다면 환안산患眼山, 혈 앞에 있으면 타태산墮胎山, 용호 안에 있으면 포양산抱養山이라 부르는데, 모두 불길한 것으로 논한다.

뒤에서 나성에 대해 자세히 설명하고 있어서, 여기에서는 생략한다.

此四星 官宜秀麗 亦忌直去太長 鬼抱身 最惡一去不轉 惟曜星愈長愈奇 愈行愈妙 人不易識者也 四星形格甚多 俱詳玉髓眞經 好博者自可去讀也

이 사성四星에서 관官은 마땅히 수려해야 하며, 또한 곧게 가고 너무 긴 것을 꺼린다. 귀鬼는 몸을 둘러싸는데, 가장 나쁜 것은 한 번 가서 돌지 않는 것이다. 오직 요성曜星은 길수록 기이하고, 갈수록 묘하여 사람들은 쉽게 알아보지 못한다. 사성의 형격形格은 매우 많아서 모두 『옥수진경玉髓眞經』에서 설명하였으니, 박식한 것을 좋아하면 스스로 읽어볼 만하다.

曜星玉髓有四十種 可云博矣 然吾以爲亦未盡曜星之奧 木火之曜 人人共知 土星之曜 另成巨大星體也 人不識此爲何物 至于水星之曜恍若一枝龍去 亦能開帳出脈 起伏頓跌 與行龍無異 轉折活動更妙

---

65 墩臺: 평지보다 약간 높직하게 두드러진 평평한 땅.

于龍最爲難識 辨之之法 龍則有陰有陽 曜則精緊純陰 龍則愈行愈張
曜則愈行愈促 到頭飄散 無穴無局 世人到此 皆以爲好龍 共扼腕其穴
之難點 那能辨得是曜耶

『옥수진경』에는 요성曜星이 40종류가 있는데 그 수가 많다고 할 수
있다. 그러나 나는 아직도 요성의 심오함이 미진하다고 생각한다.
목화木火의 요曜는 모든 사람이 알고 있다. 토성土星의 요曜는 별도로
거대한 성체星體를 이루어서, 사람들은 이것이 어떠한 것이 되는지를
알지 못한다. 수성水星의 요曜는 지룡枝龍이 가는 것과 같이 장막을
열어 맥을 만들 수 있고, 기복起伏하고 돈질頓跌하는 모양은 용이
나아가는 것과 다르지 않다. 방향을 바꾸는 활동은 더욱 기묘하여서
용에서 가장 알기 어렵다. 분별하는 방법은 용에는 음과 양이 있고,
요曜는 정묘하고 긴요한 순음純陰이다. 용은 갈수록 크게 펼쳐지고,
요曜는 갈수록 급해져서 두두頭에 이르면 바람에 날려 흩어지고 혈도
없고 국도 없게 된다. 세상 사람들은 이것을 보고 모두 좋은 용으로
여긴다. 그 혈의 난점難點을 걷어잡으면 요曜를 능히 분별할 수 있는
것이다.

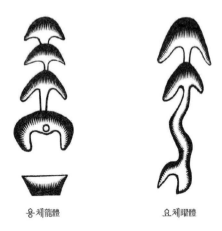

용체龍體   요체曜體

〈그림9〉 용체와 요체

용龍은 갈수록 커지고 머리가 봉우리〔星〕를 이루고 혈을 맺는다.
요曜는 갈수록 촉박促迫하고 봉우리〔星〕가 없고 혈도 맺지 않는다.

제7절 필사筆砂

筆山者 尖利之山也 有立眠二體 立者如壯元筆宰相筆之類 眠者如進
田筆退田筆之類 筆砂中惟退田筆最難識 識不淸者 多誤認蓋穴順砂
順水明曜爲退田筆 使貴地當前 而狐疑不用 良可嘆也 今辨明于下

필산筆山은 날카롭게 생긴 산으로, 입立과 면眠의 두 체가 있다. 입은
장원필壯元筆, 재상필宰相筆 같은 종류가 있고, 면은 진전필進田筆,
퇴전필退田筆 같은 종류가 있다. 필사筆砂 중에서 오직 퇴전필退田筆이
가장 알기 어렵다. 분명하게 알지 못하는 것은 혈을 덮는 순사順砂와
순수順水, 명요明曜가 퇴전필이 된다고 대부분 잘못 생각하는 것이다.

귀지貴地가 앞에 있어도 지나치게 의심이 많아 쓸 수 없는 것이니 진실로 탄식할 일이다. 지금 아래에 분명히 구별하겠다.

순수개사順水蓋砂　　　　용호명요龍虎明曜　　　　퇴전필退田筆
　　　　　　　　　　　　　집홀執笏

〈그림10〉순수順水, 명요明曜, 퇴전필退田筆

進田筆逆水出 退田筆順水出 斷頭筆耳背出 爲官筆案上出 學士筆雲霄出 壯元筆纖纖出 秀才筆架上山 畫師筆長短亂雜出 大師筆乾坤巽艮出 筆頭若帶石 常與人交易 案前若見筆頭開 十遭赴擧九空回(名曰罵天筆) 筆山須要識 口訣不易得

진전필進田筆은 역수逆水에서 나오고, 퇴전필退田筆은 순수順水에서 나오고, 단두필斷頭筆은 귀 뒤에서 나오고, 위관필爲官筆은 안案 위에서 나오고, 학사필學士筆은 구름처럼 하늘 위에서 나오고, 장원필狀元筆은 가늘고 뾰족하게 나오며, 수재필秀才筆은 시렁 위의 산이다. 화사필畫師筆은 길고 짧은 것이 어지럽게 나오고, 대사필大師筆은 건곤간손乾坤巽艮에서 나온다. 필두筆頭에 만약 대석帶石이 있다면, 언제나 사람과 더불어 교역交易한다. 안案 앞에서 필두가 열린 것이 보이면 열 번 과거에 가지만 아홉 번은 공회空回라고 하였다(罵天筆이라 한다).
필산筆山은 반드시 알아야 하지만, 구결口訣을 얻기는 어렵다.

제8절 나성羅城

羅城者 乃穴之前後左右 周圍環繞之山是也
極大幹龍 方能將自己從砂列出羅城 餘則俱客山湊城者 只要成一
羅城之象 不空不缺 便爲佳也

나성羅城은 혈의 전후 좌우에서 주위를 둘러싸는 산이다.
지극히 큰 극대간룡極大幹龍은 스스로 자기를 따르는 사砂가 줄지어
나와서 나성이 되지만, 나머지 다른 용들은 객산客山들이 모여서 나성
을 만든다. 중요한 것은, 하나의 나성이 모양을 만들었다면 비지도
않고 부족하지도 않아야만 아름답게 되는 것이다.

羅星者 水口之小石山墩 或一或二三 阻截去水 以關內氣之物也 此星
與祖龍相應 必火星作祖 水口方生此星 以爲火之餘氣 故曰羅星也
凡龍必火星作祖 始出大貴顯 故見羅星 即知龍貴穴貴也

나성은 수구水口에 있는 작은 석산石山이나 돌로 된 돈대墩臺로서
하나 혹은 두세 개가 물이 흘러가는 것을 막고 거슬러서, 내기內氣를
보호하는 빗장이 되는 것이다. 이 나성은 조룡祖龍과 상응하는데,
반드시 화성火星의 조산祖山이 되고, 수구水口에서 이 나성을 만드는

데, 이것은 화火의 여기餘氣가 되기 때문에 나성羅星이라 부른다. 무릇 용이 화성을 조祖로 삼으면 반드시 대귀大貴함이 나타나기 시작하는데, 이 나성을 보면 용과 혈의 귀함을 알 수 있다.

其星亦有五星九星之變 若成龜蛇等形者 曰禽星也 獸星者 亦水口之山也 禽星低小 獸星高大 此星以相配爲妙 如一邊山成獅 一邊山成象 曰獅象把水口 若單獅單象 則力薄矣 獸星之形 變態不一 或如虎如麟 但獅象爲多也

나성은 오성五星과 구성九星의 변화가 있는데, 만약 구龜·사蛇 등의 형상이 만들어진다면, 금성禽星이라고 한다. 수성獸星도 수구水口의 산이다. 금성禽星은 낮고 작지만 수성獸星은 높고 크다. 이 성星은 서로 어울리면 묘하게 된다. 만약 한쪽 산이 사자가 되고, 다른 쪽 산은 코끼리가 되면, 사상파수구獅象把水口라고 부른다. 만약 사자 한 개와 코끼리 한 개이면 힘이 박약薄弱하다. 수성獸星의 형상은 변하는 모습이 많아서, 혹은 호랑이나 기린으로 변하지만 대체로 사자와 코끼리가 많다.

捍門者 兩山峙立拱 夾水口也
以其有捍禦水口之義 故曰捍門 捍門多是九星 惟太陰太陽相對 曰日月捍門 爲至尊之地 兩木曰華表捍門 淸貴之職 若只一木星 亦曰華表也

한문扞門은 두 산이 우뚝 솟아 수구水口를 사이에 두고 끼는 것이다. 수구를 막고 지킨다는 뜻으로 한문扞門이라고 한다. 한문에는 구성九星이 많은데, 태음太陰과 태양太陽이 마주보는 것은 일월한문日月扞門이라 하고 매우 귀한 땅이라고 한다. 목성木星이 두 개인 것은 화표한문華表扞門이라 하는데 청귀淸貴한 직위를 상징한다. 목성이 한 개면 화표華表라고 한다.

北辰者 乃水口大山 係廉貞破軍祿存三星 遠而望之 若一方之太祖 近而察之 則生近水口枝脚 不能遠布 故曰北辰也 此星最貴 非帝王之 地 不能有也

북신北辰은 수구水口에 있는 큰 산으로 염정廉貞·파군破軍·녹존祿存의 삼성三星과 연관된다. 멀리서 바라보면 한 지방의 태조太祖같이 보이지만, 가까이에서 살펴보면 수구 근처에 지각枝脚이 생겨서 멀리 분포되지 못한 것이다. 그래서 북신北辰이라 한다. 이 성星은 가장 귀한 것이며 제왕帝王의 땅이 아니면 있을 수 없는 것이다.

제4장 수법水法

제1절 내원來源·수성水城·거구去口

來源者 水之來處 水城者 水之形局 水口者 水之去處也

水來長短看來源 明堂看水城 去口看關鎖 水法第一要看明堂 若方圓
平正 有澄凝團聚之形 無歪斜傾泄之患 則水法便是七八分好了 再觀
來源去口 若來水綿長而之玄 去水交織而關鎖 便是十全水法 若明堂
不好 來去雖好 無所取用 明堂若好 來去不好不過美中不足耳 來源宜
朝抱有情 不宜直射反背 去口宜關閉緊密 最怕直去無收

水以明堂爲緊者 蓋明堂乃本穴之所用 而來源去口 則衆穴之所共用
者也 水乃龍穴之用神 最宜恬善有情 有情者來則之玄抱遶關聚澄凝
去則盤桓是也 若不如此 則生刑殺 不特不爲我用 反爲我害矣

내원來源은 물이 들어오는 곳이고, 수성水城은 물의 형국形局이며,
수구水口는 물이 나가는 곳이다.

물이 길고 짧게 오는 것은 내원을 봐야 하고, 명당은 수성을 봐야
하고, 거구去口는 관쇄關鎖를 봐야 한다. 수법水法에서는 첫 번째로
명당을 봐야 한다. 만약 명당이 방方하고 원圓하며 가지런하여 치우치
지 않고, 맑은 기운이 엉기어 모여 있는 형상이면, 비뚤고 기울어져
기운이 새어나갈 걱정이 없다. 이러하면 수법水法의 7~8할은 좋은
것이다. 다시 내원과 거구를 볼 때, 만약 들어오는 물인 내수來水는

길게 이어져 갈 지자之字로 구불구불하고, 나가는 물인 거수去水는 서로 교차하여 굳게 잠근다면 완전무결한 수법이 된다. 만약 명당이 좋지 못하면, 비록 오고 가는 것이 좋아도 쓸 곳이 없고, 명당이 좋으면 들어오고 나가는 것이 좋지 못하더라도 아름다움 중에 부족함이 있는 것에 불과하다. 내원來源은 모이고 둘러싸는 것이 유정有情해야 하고 곧바로 달려들거나 등을 돌려서는 안 된다. 거구去口는 마땅히 굳세고 단단하게 닫혀야 하고, 곧게 흘러나가서 기운을 거두지 못함을 가장 두려워한다.

명당은 물을 중요하게 여기는데, 명당은 본혈本穴이 독점하여 사용하고, 내원來源과 거구去口는 많은 혈이 함께 사용한다. 물은 용혈龍穴의 용신用神으로서 편안하고 착하며 유정有情한 것이 가장 적합하다. 유정함이란 물이 들어올 때에는 구불구불한 모양으로 와서 명당을 둘러싸고 문을 닫아 맑은 기운을 모아 엉기게 하고, 물이 나갈 때에는 어정어정 머뭇거리는 듯하는 것이다. 만약 이렇지 않다면 형살刑殺이 생기게 되며, 나를 위해 이용하지 못할 뿐 아니라 도리어 나에게 해롭다.

제2절 객수客水

凡係龍結 不論枝幹 俱不肯收客水 蓋一龍必有一水相配 惟此水來朝
龍 而龍亦只去食此水 所謂雌雄相食 牝牡相交也 客水係衆人之水
或他人食餘之水 龍是貴物 豈肯食此水乎 若大龍自有大砂 闌隔客水

不使入局 用客水作外纒 枝龍不能放出大砂 到結穴處或見客水 此龍
必轉面向內 或橫或田 結作與己水相交 必不去向客水者也 惟奴砂之
結作 因自無隨龍水 只得開面去收客水 猶之大家之掌錢奴 此其所以
賤也 此係龍結砂結一定之性情 必無踰此範圍者

용룡龍의 결작結作에서는 지간枝幹을 막론하고, 모두 객수客水를 받으려
하지 않는다. 하나의 용은 반드시 하나의 물과 서로 어울린다. 이
물은 오직 용을 찾아 흘러오고, 용은 또 나아가서 이 물을 먹는다.
소위 자웅雌雄은 서로 먹고, 빈모牝牡는 서로 교섭한다. 객수는 많은
사람들의 물이며, 혹 다른 사람이 먹고 남은 물이다. 용은 귀물일진대
어찌 그런 물을 먹을 수 있겠는가. 만약에 대룡이 본래부터 대사大砂를
가지고 있다면 객수를 차단하여 함부로 국局에 들지 못하게 한다.
객수客水를 이용해 바깥 울타리를 만들면 지룡枝龍은 대사大砂를 방출
할 수 없다. 혈을 맺는 곳에 이르러서 혹 객수를 보게 되면, 이 용은
반드시 머리를 돌려 안쪽을 향한다. 혹시 횡橫이나 전田이면, 결작은
자기의 물인 기수己水와 서로 교섭하지만 절대로 객수를 향하여 가지
않는다. 오직 노사奴砂의 결작만이 용을 따라오는 물이 없기 때문에
앞을 열고 나아가 객수를 받는다. 마치 대갓집의 회계를 담당하는
노비와 같으며 그래서 천하다고 한다. 이것은 용결龍結과 사결砂結의
일정한 성정性情이니, 절대로 이 범위를 벗어나지 않는다.

제3절 팔살八煞

殺有八 曰仰返牽潛激割沖射

仰穴低水高瀑面而來也 返者反弓向外 牽者穴前直去無關也 潛者明
堂低深 水流于中從底滲去也 激者水口相激 穴聞惡聲也 割者水割龍
穴之脚也 沖者大水面前直沖至穴也 射者直狹之水沖射穴星也

水雖有八殺 然直龍結穴 必有上砂蓋來 不使客水入堂 其八殺者 大抵
非好龍結也

살살殺에는 여덟 가지가 있는데, 앙仰·반返·견牽·잠潛·격激·할割·충
沖·사射라고 한다.

앙은 혈이 낮고 물은 높아서 정면으로 쏟아져서 오는 것이다. 반은
반궁수反弓水[66]로서 밖을 향한다. 견은 물이 혈 앞에서 직선으로 곧게
나가며 문을 닫지 않는다. 잠은 명당이 낮고 깊어서 물이 명당의
중간 바닥 밑으로 스며들어 흘러가는 것이다. 격은 수구水口에서 물결
이 서로 부딪치고 혈에서 나쁜 소리가 들린다. 할은 물이 용혈의
다리[枝脚]를 끊는 것이다. 충은 큰 물이 면전에서 곧게 돌진하여
혈에 이르는 것이다. 사는 곧고 좁은 물줄기가 혈성穴星을 치는 것이다.
물에는 비록 여덟 가지 살살殺이 있지만, 직룡直龍은 혈을 만들 때,
반드시 상사上砂를 덮으면서 오므로 객수客水가 당堂에 들지 못하게

---

66 反弓水: 물의 모양이 활처럼 휘어서 혈을 안으로 하여 감싸지 않고 밖으로
하여 혈을 등지고 흘러가는 것. 반도수反挑水라고도 함.

한다. 그 여덟 가지 살은 대부분 좋은 용을 맺지 못하게 한다.

제4절 국법局法

局者合龍穴砂水而言

顧其寔則出水一交 雌雄交合爲一局矣 山水者雌雄也 凡發龍之處必
有兩水夾來 謂之隨龍水 經所謂來水與龍二般遠 其祖宗來作伴 此水
與龍至結穴處 必相交處 龍若左旋水必右旋 龍若右旋 水必左旋 兩相
交抱 則穴始結 若兩相背離 則不交而不結矣

국국局은 용龍·혈穴·사砂·수水를 합쳐서 말하는 것이다.

살펴보면 수水가 나와서 한번 교차하면 자웅雌雄이 교합하여 하나의
국이 된다. 산수는 자웅이다. 무릇 용이 출발하는 곳에서는 반드시
두 개의 물을 끼고 오는데 이를 수룡수隨龍水라 한다. 경에서는 이른바
내수來水와 용龍을 두 개의 반원般遠이라 하는데 그 조산祖山과 종산宗
山에서 도래하여 짝을 이룬다. 이 물과 용은 혈을 만드는 곳에 이르면
반드시 서로 교섭한다. 용이 만약 왼쪽으로 돌면 물은 반드시 오른쪽으
로 돈다. 용이 만약 오른쪽으로 돌면 물은 반드시 왼쪽으로 돈다.
용과 물은 서로 안고 돌아서 비로소 혈을 만든다. 만약 용과 물이
서로 등지고 멀어지면, 교섭하지도 않고 혈을 만들지도 않는다.

局法有四 曰順 曰斜 曰橫 曰回 龍之行度 直來則順 漸而斜向一邊則

斜 竟向一邊則横 由横而逆轉則成回龍

順局者 穴向龍虎兩砂左右兩水之中 水合之後 其水從穴前之玄而去

斜局者 穴不向兩砂兩水之中 或架龍 或架虎 一水過堂兩水合于一側
而去

横局者 穴只向一邊之砂 只一邊之水過堂 兩水合于下手横去

回局者 龍身逆上穴對祖山隨龍水順來 穴向來水而收之 亦只一邊水
上堂回抱穴後 合邦一邊之水而去

국법局法에는 순국順局·사국斜局·횡국横局·회국回局 네 가지가 있는
데, 용의 행도行度가 곧게 오면 순順이 되고, 어느 한쪽으로 조금씩
기울어지면 사斜가 되고, 끝내 어느 한쪽 편을 향하게 되면 횡横이
되고, 횡에서 거꾸로 돌아서면 회룡回龍이 된다.

순국은 혈이 용호龍虎 두 사砂와 좌우 두 물 사이의 가운데를 향한다.
혈 앞에서 물이 합쳐진 후에는 검을 현玄 자를 그리면서 흘러간다.

사국은 혈이 두 사砂와 두 물의 중간을 향하지 아니하고 용龍쪽으로
기울거나 또는 호虎쪽으로 기우는데, 한쪽의 물이 혈〔堂〕 앞을 지나서
반대편에서 다른 물과 합쳐 흘러간다.

횡국은 혈이 어느 한쪽의 사砂를 향해 있고, 물도 어느 한쪽이 혈〔堂〕
앞을 지나는데 두 물은 하수下手[67]에서 합쳐져 옆으로 흘러간다.

회국은 용신이 위쪽으로 거슬러 올라가고 혈은 조산祖山을 마주보며,

---

67 下手: 局을 이루는 四邊의 砂 중에서 물이 빠져나가는 水口까지 뻗쳐서 한
邊을 이루는 砂. 주로 龍虎 중의 하나가 下手가 되며 下臂, 下關이라고도 한다.

수룡수隨龍水는 순하게 온다. 혈은 내수來水를 향하고 그것을 받는다.
또 한쪽 물이 명당을 지나 혈의 뒤를 감싸고 다른 쪽 물과 합쳐서
흘러간다.

然惟大幹龍 方能收兩水結得順局 其大枝龍 枝中幹龍 枝中枝龍 只能
收得一邊水 皆不能結順局 止有斜橫逆三局而已 一山兩水猶人有妻
有妾 非富貴人不能 一水一山 猶人一夫一妻 尋常皆有 然大順局收兩
水俱收 亦與那一邊水更覺有情 此正配也

그러나 오직 대간룡大幹龍만이 두 물을 받아 순국順局을 만들 수 있다.
대지룡大枝龍이나 지중간룡枝中幹龍, 또 지중지룡枝中枝龍은 단지 한쪽
의 물만을 받을 수 있어 모두 순국을 만들 수 없기 때문에 단지 사국斜局·
횡국橫局·역국逆局 삼국만 있을 뿐이다. 하나의 산에 두 개의 물이
있는 것은, 사람에게 처와 첩이 있는 것과 같아서 부귀한 사람이
아니면 불가능하다. 하나의 물에 하나의 산이 있는 것은, 일부일처一夫
一妻와 같이 일반적인 사람들이 모두 가지는 것이다. 그러나 대순국大順
局은 비록 두 물을 다 받지만, 어느 한쪽의 물에 더욱 정情을 느끼게
되는데, 이것이 정배正配이다.

제4절 결어結語

已上自星辰至龍穴砂水 所有名色 挨次逐件釋名 其或有未盡者 則一

物三四 其名如一 化生腦又曰孩兒頭 曰球曰上分之類也

釋名之下 或附論數則者 以世俗相傳之訛說 與山川之眞性情相反 先
賢之眞經論相背 故爲之提明于前 以便觀山玩水 讀經解論 使求道者
入眞法眼藏也

이상으로 성신星辰에서부터 용혈사수龍穴砂水까지 모든 명색名色을
순서대로 하나씩 설명하였다. 그러나 그것에 미진함이 있는 것은
하나의 물상物象에 두서너 개의 명칭이 있는 것이다. 예를 들면 화생뇌
化生腦를 해아두孩兒頭라고 하고, 또 구球라 하거나 상분上分 등으로
말하는 것이다.

명칭의 설명에서 혹 덧붙여서 몇 개의 법칙을 논하였는데, 이것은
세속에 전해지는 잘못된 학설들이, 산천의 진정한 성정性情과 상반되
고, 선현先賢의 진정한 경론經論과 위배되기 때문에, 앞에서 먼저
이를 들어 밝혀서, 산山과 수水를 보고 즐기고 경經을 읽고 논론論을
이해하는 데 편리하게 하여 도道를 구하는 사람이 진법안장眞法眼藏[68]
에 들어가게 하고자 함이다.

---

68 眞法眼藏: 불교에서 참된 법의 이치를 깊이 깨닫게 하는 도리.

제3편

이기론 理氣論

제1장 이기론理氣論의 개관

풍수학의 이기론은 입향立向에 대한 시공간이론으로, 음양오행陰陽五行의 이론에 맞추어서 용맥龍脈이 지닌 좋은 지기地氣를 효과적으로 거두어들이는 방법을 말한다. 천연적인 용혈龍穴에다 인위적으로 방위와 시간을 잘 배대配對하여 그 생기生氣를 얻어서 자손에게 유출 보존하는 기술이다. 그래서 예로부터 형기론形氣論과 나란히 풍수학의 한 분야로 취급받아 왔다. 지리地理에서 말하는 음과 양은 용龍과 수水를 가리키는데, 남녀가 교합하여 자손을 얻듯이 산수가 배합配合하면 좋은 생기를 얻을 수 있다는 것이 풍수사상의 근간이다. 그런데 산기山氣와 수기水氣를 잘 거두려면, 산은 배향配向이 좋아야 하고, 수는 입향立向이 법도에 맞아야 한다. 따라서 배향 내지 입향이 이기론의 핵심이 된다.

혈의 좌향坐向을 정할 때는 먼저 생기가 있는 용맥의 유행流行을 기준하여 정한다. 먼저 산줄기가 혈장穴場에서 멈출 때에, 그 내룡來龍이 어느 방향에서 내려와서 어느 방향으로 진행하다가 멈추는가를 살펴보아야 한다. 즉 용맥의 흐름을 중심으로 좌향을 배당할 적에는 용龍과 향向이 배합이 되도록 한다. 다음에 혈 자리인 명당에서 보이는 물의 오고 가는 방위를 보고 수법水法의 길흉을 살피고 나서 혈의 향向을 정하는데, 입향立向하는 법도에 맞추어서 결정한다. 그리고 끝으로 명당 주위의 봉우리들을 참작하는데, 현무玄武와 주작朱雀과 청룡靑龍

과 백호白虎의 방향과 균형을 살펴보고, 그리고 앞쪽에 보이는 안산案山
과 조산朝山의 봉우리를 반드시 참조하고, 다시 혈장穴場의 주위에
있는 바위의 방향과 혈장에서 보이는 악살惡殺의 방향을 살펴야 한다.
이것이 이기론에서 방향을 정하는 순서가 된다.

음택陰宅뿐 아니라 양택陽宅의 이론에서도 방향설정은 이처럼 중요한
문제인데, 방향을 정하는 나침반으로 패철佩鐵 또는 나경羅經이라는
도구를 사용한다. 우리가 혈의 좌坐와 향向을 정할 때는 관찰할 장소의
중앙에 패철인 나경을 바르게 놓고, 여러 방향을 살펴본다. 풍수에
사용하는 나경에는 이른바 십이지十二支에다 팔간八干과 사유(四維:
四卦)를 첨부해서 24방위를 사용한다. 중국에서 처음에 패철을 사용할
적에는 십이지만 가지고 12방향을 구별했다고 한다. 그러나 용龍과
사砂의 변화를 자세하게 밝히고자 팔간(八干: 갑을병정경신임계)과
사유四維의 사괘(四卦:건·곤·간·손)를 십이지에 첨가하여 24방위를
만들어서 사용하게 되면서, 패철을 나경이라고 중요시하게 되고 그
내용도 복잡하게 되었다.[69] 우리나라에는 나경을 9층으로 표기하는데,
중국은 36층이나 되는 복잡한 표기를 사용하고 있다. 따라서 이기론에
서 입향立向을 공부하자면 중요한 도구인 나경의 내용을 먼저 숙지해야
만 한다.[70]

---

69 무戊와 기己는 토기土氣라서 방위상으로는 중앙을 표시하므로 제외하고, 나머지
팔간八干만 방위에 사용하고 있다. 팔괘八卦는 동서남북을 가리키는 진震·태兌·
이離·감坎은 제외하고 간방間方인 건乾·곤坤·간艮·손巽 사괘四卦만 사유四維로
사용하고 있다.

이기론에서 "방향에 따라서 길흉이 결정된다"고 설명하는 근거는 오행이론이 근간이다. 풍수공부를 할 때에는 반드시 오행이론에서 말하는 길흉의 내용과 그 이유가 설명되어야 한다. 오행은 상생相生과 상극相剋하는 과정에서, 그 기운이 생왕生旺하면 좋고, 그 기운이 사절死節되면 싫다는 것이 기본사상이다. 생왕하면 건강하니 바람직하고, 사절되면 죽게 되니 싫다는 이야기다. 이렇게 풍수에서 상용하는 논리를 흔히 포태법胞胎法이라고 하는데, 이외에 구성법九星法을 사용하기도 한다.[71] 따라서 이기론을 공부하자면 나경과 함께 포태법 이론을 알고 있어야 한다.

제1절 나경羅經의 구조

우리나라에 사용되는 패철佩鐵인 나경羅經은 9층까지 표시가 되어 있다.

이 나경을 개관하면, 제1층이 팔요살八曜煞이고, 제2층이 팔로사로八路四路황천살黃泉煞이고, 제3층이 오행(五行: 삼합오행)이고, 제4층은 정침正針으로 자북磁北을 기준으로 방향을 24방위로 표시하고 있다. 제5층은 천산72룡龍이고, 제6층은 중침中針으로 진북眞北을 기준으로

---

70 왕도형王道亨의 『나경투해羅經透解』와 섭구승葉九升의 『나경지남발무집羅經指南撥霧集』이 유명하다.

71 풍수의 이론은 이미 중국 당唐나라 시절에 완성되었기 때문에 이기론理氣論에서 사용하는 오행五行의 생극生剋이론은 비교적 단순하다.

24방위를 표시한다. 제7층은 투지60룡龍이고, 제8층은 봉침縫針으로 24방위를 나타내지만 정침正針보다는 반위(半位: 7.5도)정도 좌선左旋한 것이다. 그리고 제9층은 120분금分金이라고 한다. 이러한 나경의 내용을 간단하게 살펴보자.

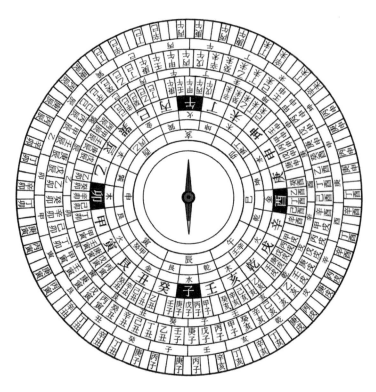

〈그림11〉 나경도羅經圖

제1층은 내룡來龍의 좌坐를 기준으로 팔요살八曜煞 또는 팔요황천살八曜黃泉煞을 표시한 층이다. 이것은 후천팔괘後天八卦방위의 용을 기준으로 설정한 살기煞氣를 띤 방향인데, 원래 육효점법六爻占法의 납갑納甲이론에서 유래한 것이다. 여기서 팔요는 팔방에서 내려오는 내룡인 건룡乾龍·감룡坎龍·간룡艮龍·진룡震龍·손룡巽龍·이룡離龍·곤룡坤龍·태룡兌龍을 말하고, 황천黃泉이란 저 세상을 가리키니, 아주 흉凶한 살煞이라는 뜻이다. 예컨대, 감룡은 임자계壬子癸의 세 방향에서 오는 산인데, 이 나경의 제1층에 적힌 감룡방향에는 진辰방향이 표시되어 있는데, 이것이 황천살의 방향이다. 즉 진辰방향에서 물이 나오거나 바람이 불어오면 흉하다는 뜻이다. 팔요살의 이론적인 근거는 다음과 같다. 용이 북쪽인 임자계에서 온 감룡이라면, 오행으로는 수기水氣를 품은 용이다. 육효점법六爻占法에서 감궁坎宮은 수궁水宮인데 진토辰土와 술토戌土가 토극수土克水하므로, 진辰과 술戌은 관귀官鬼라는 효爻가 된다. 즉 진술辰戌방향에서 물이나 바람이 출입하면 내룡인 감룡을 극剋하여 수기水氣를 손상하니까, 이러한 명당은 불길한 형국形局이라서 "그 자손들이 황천에 가게 된다"고 경고하고 있다. 다만 술戌방향은 감룡의 곁에 가까이 붙어 있어서 제외하고 있다. 팔요살은 패철 1층層에 기재되어 있으니 그것을 반드시 참조해야 한다.

제2층은 팔간八干과 사유괘四維卦를 향向으로 하는 경우에 피해야 하는 황천살黃泉煞을 표시하고 있다. 12지支에는 해당사항이 없으므로 팔로사로八路四路황천살이라고 부른다. 1층의 팔요살八曜煞은 팔방의 내룡을 좌로 삼고서 결정했는데, 이 황천살은 팔간 사유를 향向으로 삼고서 정한 것이니, 적용할 때에 좌坐와 향向을 혼동하지 말아야 한다.[72]

제3층은 쌍산오행雙山五行인 삼합三合오행을 기재하고 있다. 오행상으로 따지면 12지 중에서 자子는 수水에 해당하고, 축丑은 토土에 해당하고, 인寅은 목木에 해당한다. 그런데 3층의 오행은 이른바 삼합오행으로, 일반적으로 분류하는 정오행正五行과는 내용이 다르다. 삼합三合을 기준하여 정한 오행에서는, 해亥·묘卯·미未가 목국木局이고, 인寅·오午·술戌은 화국火局이고, 사巳·유酉·축丑은 금국金局이고, 신申·자子·진辰은 수국水局이라고 한다. 즉 해亥는 정오행상으로는 수水인데도 삼합오행에서는 목木이 된다. 이와 같이 축丑은 정오행상으로는 토土인데도 삼합오행에서는 금金이 되고, 인寅은 정오행상으로는 목木인데도 삼합오행에서는 화火가 된다. 된다. 삼합오행 학설은 『회남자淮南子』에서 처음 주장된 것인데, 풍수에서는 12지支의 오행분류를 원칙적으로 삼합오행을 기준으로 정하고 있다. 그런데 나경에는 12지와 함께 팔간과 사유도 사용하고 있으니, 그것들의 오행도 문제가

---

[72] 팔요살八曜煞은 좌坐를 기준으로 보고, 황천살黃泉煞은 향向을 기준으로 보니, 초보자는 서로 헷갈리는 경우가 많다. 풍수학에는 옛날 사람들이 정한 것을 그대로 답습하는 전통이 강하기 때문인 것 같다. 섭구승葉九升은 『나경지남발무집羅經指南撥霧集』에서 "황천살黃泉煞에서 향向을 좌坐로 바꾸어서 살펴보면, 황천살은 팔간八干의 묘살墓煞임을 알 수 있다."고 설명하고 있다.

된다. 전통적으로 풍수의 나경에는 팔간八干사유四維를 12지支와 짝을 지어서 사용한다. 즉, 임壬과 자子가 한 짝이고, 계癸와 축丑이 한 짝이니, 이것을 쌍산雙山이라고 한다. 그리고 12지와 짝이 되는 팔간 사유의 오행은 짝이 되는 12지의 오행을 그대로 따라간다. 그것을 풍수학에서는 특별히 쌍산오행雙山五行이라고 한다. 예컨대, 용龍이 계癸방향에서 흘러오면, 계癸는 축丑과 짝이므로, 축丑의 오행을 따라서 그 계룡癸龍의 오행도 금金으로 본다. 이와 같이 간인艮寅방향의 용은 모두 화火가 되고, 을진乙辰방향의 용도 모두 수水로 본다. 이것을 나경 제3층에 기재하고 쌍산오행이라 한다.

제4층은 12지에다 팔간과 사유를 추가하여 만든 24방위를 자북磁北을 기준으로 나열하고 있는데, 지반地盤정침正針이라고 부른다. 십간十干에서 팔간을 가져오고, 문왕文王팔괘八卦에서 사유를 가져와서, 12지와 배대하여 쌍산雙山을 만들고 있으니, 쌍산에서는 12지가 음陰이고 팔간 사유는 양陽이라고 본다. 팔간은 건록建祿의 위치에 배치하고, 사유는 묘절墓絶의 위치에 배치하였다고 할 수 있다.[73] 산의 용법龍法과 좌혈坐穴은 이 정침으로 방향을 결정한다.

제5층은 정침正針의 24방위를 각각 삼등분하여 72개의 방향으로 세분한 것인데, 천산穿山72룡龍이란 이름을 붙인 것이다. 팔간과 사유의

---

73 건록建祿과 묘墓는 다음의 포태법胞胎法에서 설명이 나온다.

중앙인 12칸은 빈칸으로 남겨 두고서, 60갑자를 배대하면, 결국 72개의 방향을 가리키므로 흔히 72룡이라고 부른다. 지사地師들이 이 천산穿山이란 말을, "주산主山인 현무玄武에서 혈장穴場으로 내려오는 산세를 세분하여 용龍의 기운이 어느 가닥으로 뚫고 내려오는지 살핀다"는 뜻으로 해석한다. 그래서 용의 과협過峽처나 속기束氣처에다 패철을 정치定置하고 4층 정침으로 먼저 내룡을 볼 때에, 그 내룡을 삼등분한 5층의 72룡을 살펴서 병자순丙子旬과 경자순庚子旬을 지나는 왕상맥旺相脈만 선택한다고 설명한다.

제6층은 자북磁北이 아니고, 진북眞北을 기준하여 24방위를 배열한 것인데, 인반人盤중침中針이라고 부르며, 4층의 정침正針을 7.5도 우선右旋한 것이다.[74] 송宋나라의 뇌문준賴文俊이 개발한 것으로 주로 용기龍氣와 명당 주위의 사격砂格을 판단하는데 사용한다. 명당의 중앙에 정치하고 동서남북 주위의 산, 건물, 구조물의 방위를 보고 그 길흉을 판단한다.

제7층은 쌍산雙山을 오등분하여 60갑자를 배대한 것으로, 투지透地60룡龍이라고 한다. 흔히 지사들이 투지라는 말을, "생기가 혈에 뚫고 들어간다"는 뜻으로 사용하여, 입향立向하는 과정에 명당의 동서남북

---

74 전통적인 풍수학에서 우선右旋이라는 표현은 오늘날의 좌회전左回轉에 해당하고, 좌선左旋은 반대로 우회전右回轉에 해당한다. 용龍과 수水의 향방向方에서도 사용법이 같으니, 입문자는 주의해야 한다.

주위에 보이는 산의 길흉을 판단한다고 말한다. 즉 입수入首처에 패철佩鐵을 정침하여 혈처穴處에 주보맥珠寶脈인 병자순丙子旬과 경자순庚子旬이 통과하도록 재혈裁穴한다고 설명한다.[75]

제8층은 4층의 정침正針을 7.5도 좌선左旋하여 24방위를 배열한 것으로, 천반天盤봉침縫針이라고 부른다. 당唐나라의 양균송楊均松이 개발한 것으로, 주로 수법水法과 입향立向의 방향측정에 사용한다. 명당의 중앙에 정치하고서 주위의 득수得水 파구破口와 입향에서 방위를 판단한다. 자세히 보면 정침의 12지를 중심으로 쌍산을 배열한 것이다.

제9층은 4층 정침의 24방위를 각각 오등분하여 이른바 120분금分金을 만들어서, 12지와 팔간사유에 각각 5분금을 중복하여 배대配對한 것이다. 보통은 그냥 분금分金이라고 부르며, 그 오행은 납음納音오행으로 결정한다. 방위를 분류하여 망인이나 자손의 생년과 비교하여 길흉을

---

75 천산穿山72룡과 투지透地60룡의 통상적인 사용방법에 반대하는 섭구승葉九升은 『나경지남발무집羅經指南撥霧集』에서 다음과 같이 설명하고 있다. "천산갑자穿山甲子는 임말壬未에서 시작하고 투지갑자透地甲子는 해말亥未에서 시작된다. 먼저 도달한 기운인 투지透地로 용龍을 정하고 뒤에 도달한 기운인 천산穿山으로 혈穴을 정하는 것은 용혈龍穴에 대한 불변하는 이치이다. 고인古人이 말하기를, '소서素書의 육갑六甲은 취룡取龍을 주로 하고, 보경寶鏡의 육갑六甲으로 좌혈坐穴을 취한다.'고 하였다. 그런데 후인들이 그 이치를 몰라서 와전되어 서로 바꾸어서 사용한 지 오래되었다. 그런데 장문개張文介가 경해經解에서 그 잘못을 정정하였고, 양군용楊君庸이 설수說髓에서 다시 밝혔고, 또 서시가徐試可가 상세하게 설명하고 있으므로, 다행으로 생각한다."

선택하도록 하되, 분금은 병丙·정丁·경庚·신辛이 붙은 순旬인 이른바 왕상旺相한 기맥만 선택하도록 한다. 용기龍氣가 특정한 분금을 따라 투입하였는데, 다시 같은 분금으로 좌향坐向을 정하면, 기충뇌산氣冲腦散하여 쌍금살雙金煞이라는 흉살이 되므로 피해야 한다.

제2절 포태법胞胎法

포태법胞胎法은 십간十干이 십이지十二支에서 발생하는 생장生長수장收藏하는 관계를 설명하는 방법이다. 즉, 천간天干을 지지地支의 위치에 따라서 포胞·태胎·양養·생生·욕浴·대帶·녹禄·왕旺·쇠衰·병病·사死·묘墓로 구별한다. 이른바 십간의 길흉을 십이지의 위치에 따라서 결정하는 기계적인 오행이론이다.

이 포태법은 이른바 정오행正五行과는 달리, 십이지를 금목수화金木水火 사기四氣로 분류하는 삼합오행三合五行이론에서 출발한다. 삼합오행의 원류는 금목수화金木水火의 생生·왕旺·묘墓를 설명한『회남자淮南子』에서 처음 나왔는데, 이 책은 B.C.2세기에 회남왕淮南王 유안劉安이 그의 빈객賓客들과 함께 저술한 것이니, 포태법의 시작은 멀리 한漢나라로 거슬러 올라간다. 이 포태법은 사주四柱 명리학을 비롯한 동양의 오행이론 전반에서 다양하게 사용되고 있는데, 특히 풍수지리학의 이기론에서 애용하고 있다.

이렇게 금목수화金木水火의 사기四氣가 12지 위에서 생生·장長·노老·병病·사死하는 과정을 12종류로 표시하므로 12포태법이라고 부르는데, 순환하면서 배대配對되는 순서에 대하여 다음과 같은 글이 전해오고 있다.

　금인화토해金寅火土亥　목신수사순木申水巳順

　금묘화토자金卯火土子　목유수오역木酉水午逆

이것은 포태胞의 자리를 가리키는데, 즉 목기木氣에는 갑甲이라는 양목陽木과 을乙이라는 음목陰木이 있고, 화기火氣에는 병丙이라는 양화陽火와 정丁이라는 음화陰火가 있으며, 나머지 금기金氣와 수기水氣에도 각각 음과 양이 있다. 윗줄은 양기陽氣가 순환을 시작하는 자리인 포태胞를 나타내고, 아랫줄은 음기陰氣가 시작되는 자리인 포태胞를 나타낸다.

그리고 양기는 순행順行하고 음기는 역행逆行한다. 즉, 포태胞·태胎·양養·생生을 순환할 적에, 양간陽干은 자子·축丑·인寅 방향으로 순행하고, 음간陰干은 인寅·축丑·자子방향으로 역행한다. 즉, 갑甲·을乙은 같은 목木이지만, 갑甲은 양목·양간이므로 해(亥: 生)·자(子: 浴)·축(丑: 帶)·인(寅: 祿)의 순서로 순행하고, 을乙은 음목·음간이므로 오(午: 生)·사(巳: 浴)·진(辰: 帶)·묘(卯: 祿)의 순서로 역행한다. 풍수지리에서는 순행順行을 좌선左旋이라 부르고, 역행逆行을 우선右旋이라고 부르는데, 이것을 양순음역陽順陰逆이라고 한다.

12포태법은 금목수화金木水火의 사기四氣의 생왕묘절生旺墓絶을 설명하는 이론이므로, 위치가 중앙에 해당하는 토기土氣에는 적용이 없다. 풍수지리학에서는 더욱 더 그러하다. 육효六爻나 사주四柱 명리학에서는 흔히 수기水氣나 화기火氣와 운행運行이 같다고 풀이하여 왔다.
즉 당나라 시절에는 토기를 수기의 운행과 같다고 풀이했는데, 송나라
에 와서는 화기와 동행한다고 설명이 바뀌었다. 이런 설명의 변화가
무슨 이유로 송대에 와서 발생하였는지 알 길이 없다. 생각건대, 초기에
는 흙은 물이 있어야 곡식을 키우는 성능이 발휘된다고 수토동행水土同
行이라고 생각하다가, 날씨가 따뜻해야 농사가 잘 된다는 현상에 주목
하면서 화토동행火土同行으로 바뀐 것으로 보인다.

12포태법胞胎法은 공식에 해당하므로, 정리한 도표를 참조하면서,
완전히 숙달되도록 익혀두어야 한다.

아래 도표에서 위쪽의 운성運星칸을 보면, 12포태를 표시하고 있는데,
여기에 표기된 '포胞'와 '관官'과 '장葬'은 옛날에 쓰던 용어이다. 세월이

운성 천간	胞 (絶)	胎	養	長生	沐浴	冠帶	官 (祿)	帝旺	衰	病	死	葬 (墓)
甲	申	酉	戌	亥	子	丑	寅	卯	辰	巳	午	未
乙	酉	申	未	午	巳	辰	卯	寅	丑	子	亥	戌
丙	亥	子	丑	寅	卯	辰	巳	午	未	申	酉	戌
丁	子	亥	戌	酉	申	未	午	巳	辰	卯	寅	丑
戊	亥	子	丑	寅	卯	辰	巳	午	未	申	酉	戌
己	子	亥	戌	酉	申	未	午	巳	辰	卯	寅	丑
庚	寅	卯	辰	巳	午	未	申	酉	戌	亥	子	丑
辛	卯	寅	丑	子	亥	戌	酉	申	未	午	巳	辰
壬	巳	午	未	申	酉	戌	亥	子	丑	寅	卯	辰
癸	午	巳	辰	卯	寅	丑	子	亥	戌	酉	申	未

지나면서 오행이론에 속하는 명리命理나 육효점六爻占에서는 '포胞'를 '절絶'이라 하고, 또 '관官'을 '녹록祿'이라고 하고, '장葬'을 '묘墓'라고 바꿔서 부르기도 하였다. 원래 '포胞'는 임신姙娠이니 인생의 시작을 의미하므로 생기가 전혀 없는 위치는 임신한 포胞보다는 끊어질 절絶자로 보는 것이 옳다고 생각한 것이다. 또 '관官' 또는 '임관臨官'을 '녹록祿' 또는 '건록建祿'이라고 표시하는 것은, 사주에서의 사용하는 '정관正官'이나 '관살官煞'과 혼동이 되므로 '녹록祿'으로 구별하여 표기한 것이다. 임관인 건록은 12포태법에서 천간天干이 지지地支에서 본기本氣인 정기正氣와 만나는 자리이므로, 갑甲의 녹록祿은 인寅이고, 을乙의 녹록祿은 묘卯이고, 병丙의 녹록祿은 사巳요, 정丁의 녹록祿은 오午라고 표기한 것이다. 또 '장葬'을 '묘묘墓'나 '묘고墓庫'로 부르기도 한다.

이 포태법을 풍수학에서는 흔히 장생長生에서 시작하여 생生·욕욕浴·대帶·녹록祿·왕旺·쇠衰·병病·사死·묘墓·포胞·태胎·양養의 순서로 읽는 것은 풍수의 수법水法에 사용하기가 적당하기 때문이다. 오행학에서 보통은 포胞·태胎·양養의 순서로 읽으므로 포태법胞胎法이라고 지칭한다.

포태법의 내용을 설명하면, 포(胞: 絶)는 아기가 입태하기 전에 부모가 결합하는 시점이고, 태胎는 모친의 배에 들어가 임신하여 뱃속에서 태를 이룬 것이고, 양養은 모친의 뱃속에서 무럭무럭 자라는 과정이고, 장생長生은 출생하여 사람이 된 것이고, 목욕沐浴은 유아를 자주 목욕시키고 대소변을 씻겨주는 것이고, 관대冠帶는 옷을 입고 교육을 받는 청소년시절이고, 임관臨官인 건록建祿은 성장하고 자립하여 사람구실을 하는 것이고, 제왕帝旺은 인생의 극성기極盛期인 장년에 해당하고, 쇠衰는 왕성한 시기가 지나서 노쇠한 시절이고, 병病은 늙고 시들어서 병든 말년이고, 사死는 사망이고, 묘墓: 葬는 묘지墓地에 장사지내는 것이다.

제3절 풍수학의 간합干合

일반 오행이론에서는 간합干合으로 부부夫婦를 정한다.

"갑기합토甲己合土 을경합금乙庚合金 병신합수丙辛合水 정임합목丁壬合木 무계합화戊癸合火"

즉, 갑기합토에서 갑목甲木과 기토己土가 상합相合하여 토기土氣로 변하는데, 이 경우에 양간陽干인 갑甲이 남편이 되고 음간陰干인 기己가 부인이 된다. 을경합금과 병신합수, 정임합목, 무계합화의 경우에도 각각 양간이 남편이고 음간이 부인이다.

그러나 풍수지리학에서는 포태법을 기준으로 부부관계를 설정하는 것이 특이하다. 즉, 12포태법에서 동관동묘同冠同墓의 관계가 있는 천간天干을 부부로 본다.

예를 들어서, 갑목甲木과 계수癸水를 각각 포태법으로 순행과 역행으로 순환시키면, 축丑에서 서로 만나고 다시 미未에서도 서로 만난다. 즉 갑목甲木을 순행하면, 축丑에서 관대冠帶가 되고, 인寅에서 건록建祿이고, 순행하여 묘卯에서 왕旺, 진辰에서 쇠衰, 사巳에서 병病, 오午에서 사死이고, 미未가 묘墓자리가 된다. 다음에는 계수癸水를 역행하면,

축표丑에서 관대가 되고, 자子에서 건록이고 역행하여 해亥에서 왕旺, 술戌에서 쇠衰, 유酉에서 병病, 신申에서 사死를 돌면 미未가 묘묘墓가 된다. 이렇게 갑甲목과 계癸수가 모두 축표丑과 미未에서 동일한 관冠과 묘묘墓가 되는 것을 알 수 있다. 축표丑은 관대라고 하며, 모자 쓰고 허리띠를 두르고 결혼한다는 뜻이 되니, 갑甲은 양이고, 계癸는 음이므로, 음양陰陽이 짝이 되어서 축표丑에서 결혼한다는 뜻이 있다. 또 미未는 묘고墓庫라서 묘지의 의미이므로, 죽어서는 미未에서 갑甲과 계癸가 같이 묘에 묻힌다는 뜻이 된다. 그러니까 같은 장소에서 결혼하고, 죽어서는 같은 장소에 묻히니, 갑甲과 계癸는 부부로 볼 수가 있으므로, 풍수학에서는 포태법에 따라서 동관동묘의 관계에 있는 갑을 남편으로 계를 부인으로 본다. 갑과 계라는 두 개의 천간을 정식 부부로 인정하며, 이 음양 이기二氣가 교합하면 자연스레 새로운 후생後生을 생산한다고 해석한다. 이처럼 풍수학에서는 포태법의 동관동묘를 근거로 부부를 배대配對하는 방법이 등장하였고, 이것을 근거로 오행의 생극生剋과 입향立向의 이론을 세우고 있다.

동관동묘同冠同墓의 관계가 있는 경우는 갑甲과 계癸에만 해당하는 것이 아니다. 갑과 계 이외에도, 병丙과 을乙, 경庚과 정丁, 임壬과 신辛이 모두 동관동묘의 관계이다. 이런 부부의 오행은 양간의 오행에 따라간다. 즉, 갑甲과 계癸는 동묘同墓인 미未가 목木의 묘고墓庫이므로 같이 목의 기운으로 운용된다. 팔간八干을 이렇게 부부로 배대해 보면, 병丙과 을乙은 동묘인 술戌이 화火의 묘묘墓가 되며, 경庚과 정丁은 동묘인 축표丑이 금金의 묘묘墓가 되고, 임壬과 신辛은 동묘인 진辰이 수水의 묘묘墓가 된다.

유병충劉秉忠의 『평사옥척경平砂玉尺經』에서 이것을 명기하고 있다.

　을병교이추술乙丙交而趨戌하고　신임회이취진辛壬會而聚辰하고

　두우납정경지기斗牛納丁庚之氣하고　금양수계갑지영金羊收癸甲之靈

이다

"을乙과 병丙은 교합하여 술戌에서 만나고, 신辛과 임壬은 회합하여
진辰에서 만나고, 축丑은 정丁과 경庚의 기운을 거두고, 미未는 계癸와
갑甲의 영기를 거둔다"는 말이다. 즉 동관동묘하는 부부의 교합으로
생기는 사기四氣를 풍수학에서는 활용하고 있다.

이처럼 풍수지리학의 이기론은 음양의 교합을 중심으로 하되, 포태법
의 원리를 활용하여 부부관계를 설정하고, 12지지地支의 방향으로
길흉화복의 내용을 정하고 있으니, 12포태법의 내용을 숙지하고 있어
야 한다.

제2장 용법龍法과 배향配向

제1절 용법龍法과 향向의 배합

풍수지리학에서 기운찬 용龍을 찾는 방법은 형기론形氣論에서 주로
다룬다. 생기가 흐르는 용맥을 가려내면, 다음에 그 용맥의 길흉을
가늠하는 것은 이기론의 몫이다. 이 용맥 측정에는 패철佩鐵의 4층

정침正針을 사용한다.

이기론에서 말하는 용법龍法은 해당하는 국국에서 내룡來龍의 왕쇠旺衰로 길흉을 판단하는 것인데, 그 길흉을 포태법으로 판단하는 것이 풍수학의 관례이다.

우리나라의 지사地師들이 상용하는 사국용법四局龍法은 명당에서 보이는 국세局勢를, 물이 흘러나가는 파구破口를 기준하여 목국木局·화국火局·금국金局·수국水局의 사국으로 나눈다. 그리고 국내局內에서 보이는 내룡의 길흉을 포태법으로 판단하는데, 양균송楊筠松의 『청낭서靑囊序』와 『청낭오어靑囊奧語』에서 처음 소개된다. 여기서 목국木局이란 것은 삼합三合오행에서 말하는 해亥·묘卯·미未 목국을 가리키는데, 이때 포태법으로 보면 해亥는 목기木氣의 생지生地이고, 묘卯는 왕지旺地가 되고, 미未가 묘지墓地에 해당한다. 명당에서 관찰할 때에, "국내局內의 물이 미未의 방향으로 흘러나가면" 모두 목국木局으로 본다는 말이다. 마찬가지로 삼합법에 따라서 "물이 술戌의 방향으로 흘러나가면 화국火局이고, 물이 축丑의 방향으로 흘러나가면 금국金局이고, 물이 진辰의 방향으로 흘러나가면 수국水局이다." 나경의 방향은 24방위이므로 진술축미 이외에도 방위가 많다. 그래서 화국火局의 술戌에는 신술辛戌과 함께 건해乾亥·임자壬子방위가 포함되고, 금국金局의 축丑에는 계축癸丑과 같이 간인艮寅·갑묘甲卯방위가 포함되고, 수국水局의 파구인 진辰에는 을진乙辰과 함께 손사巽巳·병오丙午방위가 포함되고, 목국木局의 파구인 미未에는 정미丁未와 함께 곤신坤申·경유庚酉방위가 포함된다고 본다.

먼저 국국局이 결정되면, 금목수화金木水火 사국을 역행하여 국내국內에 나타난 내룡들의 기운을 살핀다. 용은 부동하여 음陰이므로, 포태법을 역행하여 적용한다. 즉 화국火局은 을목乙木이 용에 해당하므로 음목陰木의 기운을 녹록祿인 묘卯자리에서 역행하여 포태법을 돌리고, 다시 금국金局은 정화丁火를, 수국水局은 신금辛金을, 목국木局은 계수癸水를 용으로 보고 포태법을 역행하여 판단한다. 내룡의 방위가 생生과 대帶와 녹록祿과 왕旺의 방향이면 용이 생왕生旺의 기운이 있다고 본다.

제2절 배향配向의 기준

1. 정음정양법淨陰淨陽法

용맥龍脈을 보고 향向을 정하는 방법에는 기본원칙이 있다. 이른바 정음정양법淨陰淨陽法이라는 것인데, 풍수학의 비조인 황석黃石의『청낭경靑囊經』하편에서 "음양상견陰陽相見 복록영정福祿永禎 음양상승陰陽相乘 화구멸문禍咎滅門"이라고 한 구절에서 유래한다. 여기서 음양상견은 음용陰龍은 음향陰向을 배대하고, 양용陽龍은 양향陽向을 배대하는 것을 말하고, 음양상승은 용龍과 향向의 음양이 서로 다른 것을 말한다. 즉 내룡과 향向의 음양이 서로 같아야만 길하다고 한다. 따라서 용과 향을 제대로 배합하려면 내룡과 향向의 음양부터 구별하여야 한다.

정음정양법은 팔괘를 사양四陽 사음四陰으로 대별한다.『주역周易』은 건乾·진震·감坎·간艮을 양괘陽卦라 하고, 곤坤·손巽·이离·태兌를 음괘陰卦라고 하는데, 풍수지리학의 비조인 『청낭경』에서는 음양이 다르게 분류된다. 즉 선천先天팔괘방위八卦方位에다 낙서洛書의 구궁九宮을 겹쳐서, 낙서의 홀수에 해당하는 선천先天방위인 건乾·곤坤·감坎·리離를 양괘陽卦라 하고, 낙서의 짝수에 해당하는 선천방위인 진震·손巽·간艮·태兌를 음괘陰卦라고 본다.

정음淨陰: 진震괘는 경庚·해亥·묘卯·미未의 방향.

　　　　　태兌괘는 정丁·사巳·유酉·축丑의 방향.

　　　　　간艮괘는 간艮·병丙의 방향.

　　　　　손巽괘는 손巽·신辛의 방향.

정양淨陽: 이離괘는 임壬·인寅·오午·술戌의 방향.

　　　　　감坎괘는 계癸·신申·자子·진辰의 방향.

　　　　　건乾괘는 건乾·갑甲의 방향.

　　　　　곤坤괘는 곤坤·을乙의 방향.

이처럼 용의 생기를 거두어서 수산收山하려면, 반드시 음은 음끼리, 양은 양끼리 배대配對를 하여야 동기同氣가 상응한다고 보는 것이 정음정양법淨陰淨陽法이다.

2. 팔괘배합법八卦配合法

팔괘八卦의 배합은 연배가 같은 남녀를 정배正配라고 한다. 팔괘를 부모와 육자六子로 구별하고서, 건곤乾坤끼리는 부모이니 정배, 진손

震巽은 장남長男과 장녀長女이니 정배, 감리坎離는 중남中男과 중녀中女이니 정배, 간태艮兌는 소남少男과 소녀少女이니 정배로 분류한다. 『청낭경』은 다시 연배가 다른 남녀를 정음정양법에 따라서 배합하여 차배次配라고 부르고 있다.

먼저 음괘陰卦끼리 상호배합하면, 다음과 같다.
진震은 손巽과 정배이고, 태兌와 차배이다.
손巽은 진震과 정배이고, 간艮과 차배이다.
간艮은 태兌와 정배이고, 손巽과 차배이다.
태兌는 간艮과 정배이고, 진震과 차배이다.

양괘陽卦끼리 상호배합하면, 다음과 같다.
건乾은 곤坤과 정배이고, 이離와 차배이다.
곤坤은 건乾과 정배이고, 감坎과 차배이다.
감坎은 이離와 정배이고, 곤坤과 차배이다.
이離는 감坎과 정배이고, 건乾과 차배이다.

정배正配가 우선하고, 정배가 불가능하면 차배次配를 사용한다.

3. 납갑법納甲法

정음정양법은 팔괘마다 동기同氣인 간지를 각각 배당하는데, 이때

괘는 양이고, 간지는 음으로 본다. 동기同氣인 감坎괘에 해당하는
계癸·신申·자子·진辰은 같은 수기水氣로서 일가一家를 이루므로, 감
坎·계癸·신申·진辰의 용에다 감坎·계癸·신申·진辰의 향向을 사용하
면, 같은 정서를 가진 일가로서 배합을 이루므로 배향配向에 사용할
수 있다.

건乾괘인 건乾·갑甲방향의 용은, 같은 건乾괘인 건·갑의 향向을 상배相
配할 수 있다.

곤坤괘인 곤坤·을乙방향의 용은, 같은 곤坤괘인 곤·을의 향向을 상배相
配할 수 있다.

진震괘인 경庚·해亥·묘卯·미未방향의 용은, 같은 진震괘인 경·해·묘·
미의 향向을 상배相配할 수 있다.

손巽괘인 손巽·신辛방향의 용은, 같은 손巽괘인 손·신의 향向을 상배할
수 있다.

감坎괘인 계癸·신申·자子·진辰방향의 용은, 같은 감坎괘인 계·신·자·
진의 향向을 상배할 수 있다.

이離괘인 임壬·인寅·오午·술戌방향의 용은, 같은 이離괘인 임壬·인
寅·오午·술戌의 향向을 상배할 수 있다.

간艮괘인 간艮·병丙방향의 용은, 같은 간艮괘인 간艮·병丙의 향向을
상배할 수 있다.

태兌괘인 정丁·사巳·유酉·축丑방향의 용은, 같은 태兌괘인 정·사·유·
축의 향向을 상배할 수 있다.

『옥척玉尺』을 비롯하여, 『최관催官』, 『협죽夾竹』, 『매화梅花』 등의
풍수학 교과서에서 이 방법을 사용하고 있다.

4. 삼합법三合法

삼합三合이 되는 6방위는 서로 기운이 상합相合하여 같은 정情이 통하
므로, 비록 정음정양淨陰淨陽이 아니지만, 용龍과 향向으로 배합할
수 있다고 보는 것이 삼합법이다.

간병신艮丙辛인오술寅午戌용龍과 간병신艮丙辛인오술寅午戌향向
손경계巽庚癸사유축巳酉丑용龍과 손경계巽庚癸사유축巳酉丑향向
곤임을坤壬乙신자진申子辰용龍과 곤임을坤壬乙신자진申子辰향向
건갑정乾甲丁해묘미亥卯未용龍과 건갑정乾甲丁해묘미亥卯未향向

그런데 뇌문준賴文俊은 『최관편催官篇』에서 "용龍과 향向이 삼합三合이
되면 기운이 태과太過하므로 살기煞氣를 띤다"고 주의하는데, 특히
지지地支삼합을 꺼린다. 예컨대, 자룡子龍에 신향申向이나 진향辰向을
배합하면 지지삼합이므로 살기煞氣가 있으니, 자룡子龍에는 신申과
진辰을 피하고 곤향坤向이나 을향乙向을 사용하기를 권한다.

5. 귀인법貴人法

천을귀인天乙貴人은 오행의 신살神煞 중에서 가장 길하다고 권장하는
간지의 배합이므로 입향立向에도 사용하고 있다. 다만 정음정양법에
위배되는 것은 제외한다.

경庚용에 축丑·미未향向, 축丑·미未용에 경庚향向

을乙용에 신申·자子향向, 신申·자子용에 을乙향向

병丙·정丁용에 유酉·해亥향向, 유酉·해亥용에 병丙·정丁향向.

6. 길성법吉星法

이외에도, 하늘의 별에 귀천을 두어서 길성吉星끼리는 상배할 수 있다
는 주장이 있다. 즉 길수吉秀의 용은 흉악한 향向과 배합할 수 없다는
것이다. 길성은 다음과 같이 열 개가 있다.

해亥방향의 천황天皇, 간艮방향의 천시天市, 병丙방향의 태미太微, 정丁
방향의 남극南極, 손巽방향의 태을太乙, 신辛방향의 천을天乙, 태兌방
향의 소미少微, 경庚방향의 천한天漢, 묘卯방향의 양형陽衡, 사巳방향
의 천병天屛.

제3절 24룡龍정국定局

위에서 언급한 여러 가지 원칙에 따라서 정리한 정국표定局表들이
풍수책에 많이 등장하는데, 섭구승葉九升의 『지리사결地理四訣』에 있
는 정국표는 다음과 같다.

해亥룡은 묘卯·손巽·사巳·병丙·정丁의 향向

임壬룡은 을乙·오午·곤坤·신申의 향向

자子룡은 을乙·오午·곤坤의 향向

계癸룡은 을乙·오午·곤坤·신申의 향向

축丑룡은 손巽·병丙·정丁·미未·경庚·유酉의 향向

간艮룡은 손巽·병丙·정丁·미未·경庚·유酉·신辛의 향向

인寅룡은 갑甲·오午·곤坤의 향向

갑甲룡은 건乾·곤坤의 향向

묘卯룡은 정丁·경庚·신辛·해亥의 향向

을乙룡은 곤坤·신申·건乾·임壬·자子의 향向

진辰룡은 곤坤·술戌·건乾·임壬의 향向

손巽룡은 경庚·신辛·해亥·간艮의 향向

사巳룡은 경庚·유酉·신辛·해亥·간艮의 향向

병丙룡은 신辛·해亥·간艮의 향向

오午룡은 임壬·계癸·갑甲의 향向

정丁룡은 유酉·신辛·해亥·간艮·묘卯의 향向

미未룡은 해亥·축丑·간艮·묘卯의 향向

곤坤룡은 건乾·임壬·자子·계癸·인寅·갑甲·사巳의 향向

신申룡은 자子·계癸·인寅·갑甲·을乙의 향向

경庚룡은 축丑·간艮·묘卯·손巽·사巳의 향向

유酉룡은 간艮·묘卯·손巽·정丁의 향向

신辛룡은 간艮·묘卯·손巽·사巳병丙의 향向

술戌룡은 갑甲·을乙·진辰의 향向

건乾룡은 갑甲·을乙·진辰의 향向

제4절 금기사항

용법龍法과 관련된 배향配向에서 주의할 것은, 반드시 피해야만 하는 흉살이 있다는 점이다. 흉살로는 팔요살八曜煞과 황천살黃泉煞과 오향惡向과 쌍금살雙金煞, 그리고 공망空亡과 차착差錯 등을 언급하고 있다. 팔요살과 황천살과 쌍금살은 나경편羅經編에서 나왔으니, 여기서는 오향과 공망과 차착만 설명한다.

1. 오향惡向

오향은 다음과 같이 여덟 가지가 있다. 싫어하고 꺼리는 방향을 사용하면 기운이 탁해져서 대흉하다고 한다.

태兌룡은 사巳·병丙·오午방향을 꺼린다.

묘卯룡은 곤坤·신申·유酉방향을 꺼린다.

간艮룡은 오午·곤坤방향을 꺼린다.

해亥룡은 오午방향을 꺼린다.

손巽룡은 유酉방향을 꺼린다.

이離룡은 건乾방향을 꺼린다.

곤坤룡은 묘卯방향을 꺼린다.

임壬·자子·계癸룡은 사巳방향을 꺼린다.

2. 공망空亡과 차착差錯

공망空亡과 차착差錯은 5층 72룡에서 나온 것이다. 팔간八干사유四維의 정중선正中線에 있는 12개의 빈 칸을 대공망大空亡이라 하고, 72룡의 봉중縫中을 소공小空이라 하며, 또 72룡 중에서 무자戊子·기축己丑·경인庚寅·신묘辛卯·임진壬辰·계사癸巳·갑오甲午·을미乙未·병신丙申·정유丁酉·무술戊戌·기해己亥의 12방위를 차착이라 한다. 모두 실패와 빈궁을 초래하는 방향이므로 피해야 한다.

제3장 수법水法과 입향立向

제1절 수법水法측정의 기준

물은 명당을 기준으로 하여 길吉방에서 득수得水하고, 흉凶방에 거구去口가 있어서 파구破口가 되어야 합격合格이라고 본다. 즉 길吉방에서 물이 나타나고, 그리고 흉한 방향으로 물이 빠져 나가야만 하는데, 그 방향의 길흉은 포태법을 사용하는 것이 용법龍法과 같다. 수법水法을 정확히 가늠하기 위해서는, 명당에서 사방을 둘러보고서 물이 나타나고, 흘러가고, 사라지는 방위를 정확하게 측정해야 한다. 명당으로 들어오는 물길 중에서 처음 나타나 보이는 시견처始見處를 물의 득수得水처라고 하고, 혈 앞을 지나면서 흘러간 물이 명당을 돌아서 빠져나가는 종견처終見處를 물의 거구去口 또는 파구破口처라고 부른다. 그래서 물이 갑甲의 방향에서 나타나면 그것을 갑득甲得이라 부르고, 그 물이 오午의 방향으로 빠져 나가면 간단하게 오파午破라고 부른다. 풍수학에서는 짧게 "갑득甲得 오파午破"라고 부른다. 즉 물이 갑甲방향에서 들어와서, 물이 오午방향으로 빠져나가는 수세水勢를 풍수적으로 나타내는 용어다. 풍수지리에서는 평소에는 물이 없어도 비가 오면 물이 흐르는 건천乾川을, 당장은 물이 없어도 지하에는 수기水氣가 있으므로 물로 본다. 만약 건천이 명당을 두르고 있으면 이것의 시견처와 종견처를 득수得水처와 파구破口처로 삼는다. 또 명당에서 물길이 안팎으로 두 겹, 세 겹 보이는 경우에는, 명당에 가까운 내득內得과 내파內破를 우선한다.

이 수법水法 측정에는 패철의 8층 봉침縫針을 사용한다고 하는데. 그것은 8층 봉침이라야 12포태胞胎로 바꾸어 방향을 판단할 수 있기 때문이다.

제2절 수법水法의 종류

1. 사국수법四局水法

수법水法이란 명당 주위의 물을 보고서 혈장穴場의 길흉을 결정하는 방법이다. 사국수법四局水法은 명당의 국세局勢를, 파구破口를 기준하여 목국木局·화국火局·금국金局·수국水局의 사국으로 나누고서, 국내局內에 보이는 득수得水와 파구破口의 길흉을 포태법으로 판단하는 방법이다. 이때 사국을 정하는 기준은 사국용법四局龍法에서 파구破口를 기준으로 판단하던 것과 동일하다.

각 명당의 길흉은 물이 들어오는 득수得水와 물이 흘러 나가는 파구破口의 방향이 해당하는 12포태의 운성運星을 찾아서, 그 운성의 뜻으로 수법의 길흉을 판단한다. 이 사국수법의 길흉화복은 12포태를 간단하게 구성九星으로 나누어서 다음과 같이 설명하는 것이 풍수에서 일반화되어 있다.

運星\四局	破口 파구	胞 포	胎 태	養 양	長生 장생	沐浴 목욕	冠帶 관대	建祿 건록	旺 왕	衰 쇠	病 병	死 사	墓 묘
木局 목국	丁未 坤申 庚酉	坤申 곤신	庚酉 경유	辛戌 신술	乾亥 건해	壬子 임자	癸丑 계축	艮寅 간인	甲卯 갑묘	乙辰 을진	巽巳 손사	丙午 병오	丁未 정미
火局 화국	辛戌 乾亥 壬子	乾亥 건해	壬子 임자	癸丑 계축	艮寅 간인	甲卯 갑묘	乙辰 을진	巽巳 손사	丙午 병오	丁未 정미	坤申 곤신	庚酉 경유	辛戌 신술
金局 금국	癸丑 艮寅 甲卯	艮寅 간인	甲卯 갑묘	乙辰 을진	巽巳 손사	丙午 병오	丁未 정미	坤申 곤신	庚酉 경유	辛戌 신술	乾亥 건해	壬子 임자	癸丑 계축
水局 수국	乙辰 巽巳 丙午	巽巳 손사	丙午 병오	丁未 정미	坤申 곤신	庚酉 경유	辛戌 신술	乾亥 건해	壬子 임자	癸丑 계축	艮寅 간인	甲卯 갑묘	乙辰 을진
九星에 배대함		綠存 녹존		貪狼 탐랑	文曲 문곡	輔弼 보필	武曲 무곡		巨門 거문		廉貞 염정		破軍 파군

포胞·태胎득수: 포·태방향으로 물이 들어오면, 자손이 없고, 가족들이 불화하고, 질서가 문란하다.

포胞·태胎파구: 포·태방향으로 물이 나가면, 자손이 큰 벼슬을 하고 순조롭게 승진한다.

양養·생生득수: 양·생방향으로 물이 들어오면, 자손이 모두 부귀하고, 높은 벼슬을 한다.

양養·생生파구: 양·생방향으로 물이 나가면, 자손 중에 청상과부가 나고, 단명하거나, 자손이 귀하다.

목욕沐浴득수: 목욕은 도화수桃花水로서 집안의 여자가 음란하고, 또 악질과 관재로 집안이 망한다.

목욕沐浴파구: 음란한 자손이 태어난다. 그러나 선천先天향법向法에 해당하면 자손이 총준聰俊하고 크게 부귀한다.

관대冠帶득수: 관대방향으로 물이 들어오면, 자손 중에 수재가 나고, 또한 문장 명필이 나온다.

관대冠帶파구: 관대방향으로 물이 나가면, 촉망받는 자손이 병약하거나 단명한다.

건록建祿득수: 건록방향으로 물이 들어오면, 소년에 등과하여 벼슬에 나가고, 관로官路가 평탄하다.

제왕帝旺득수: 제왕방향으로 물이 들어오면, 벼슬이 높고 재산을 크게 모은다.

녹祿·왕旺파구: 건록과 제왕방향으로 물이 나가면, 큰 자손이 일찍 죽고, 큰 부자도 하루아침에 망한다.

쇠방衰方득수: 쇠방으로 물이 들어오면, 총명한 자손이 나와서 소년에 등과하고, 문장으로 이름을 날린다.

쇠방衰方파구: 쇠방으로 물이 나가면, 모든 것이 안정되고 길하게 된다.

병病·사死득수: 병·사방향으로 물이 들어오면, 전상戰傷·횡사·질병·이별이 그치지 않는다.

병病·사死파구: 병·사방향으로 물이 나가면, 모든 것이 불안정하고 흉하다.

묘고墓庫득수: 묘고방향으로 물이 들어오면, 가업이 부도나고, 집안이 망한다.

묘고墓庫파구: 묘고방향으로 물이 나가면, 자손들이 부귀공명을 누린다.

2. 구성수법九星水法

입수入首처를 기준으로 하여 물의 득得과 파破의 길흉을 구성九星법으로 판단하는 수법水法이다. 앞의 사국수법四局水法은 물 나가는 파구破口를 기준으로 사국四局을 미리 정하고, 산이 내려오는 것과 물의 득得을 보고 명당의 길흉을 판단하는 것이었다. 이 구성수법九星水法은 구체적으로 특정한 용龍에서 명당이 있다면 그 입수入首처에서 물의 득파得破를 보고 그 길흉을 판단하는 수법이다. 따라서 사국수법은 근처를 지나치다가도 금방 알아보는 수법이지만, 구성수법은 그 명당 자리에 가서 패철을 정치하여야만 판단이 가능하다. 구성수법은 팔괘를 가지고 방향을 설정하고, 팔괘 상호간의 관계를 구성九星으로 결정하고 길흉을 판단한다. 그런데 나경에는 건乾·곤坤·간艮·손巽 사유괘四維卦만 적혀 있고, 진震·태兌·감坎·이離 사괘四卦는 표시가 없다. 그러나 자子가 감坎괘의 위치이고, 오午가 이離괘의 위치이고, 묘卯가 진震괘의 위치이고, 유酉가 태兌괘의 위치이다. 그리고 팔괘를 제외한 16방위는 정음정양법淨陰淨陽法에서 사용하는 기준에 따라서 팔괘에다 배열하여 사용한다.

구성을 붙이는 방법은 입수入首방위를 기준으로 하여 득수와 파구가 해당하는 별을 찾는다. 즉, 초기보필初期輔弼·이중무곡二中武曲·삼하파군三下破軍·사중염정四中廉貞·오상탐랑五上貪狼·육중거문六中巨門·칠하녹존七下祿存·팔중문곡八中文曲의 순서로 붙이는데, 다음의 도표를 참조하면 편리하다.

八坐 得水와 破口方位	兌(酉)坐 丁坐 巳坐 丑坐	震(卯)坐 庚坐 亥坐 未坐	坤坐 乙坐	坎(子)坐 癸坐 申坐 辰坐	巽坐 辛坐	艮坐 丙坐	離(午)坐 壬坐 寅坐 戌坐	乾坐 甲坐
兌丁巳丑方	輔弼	武曲	破軍	廉貞	貪狼	巨門	綠存	文曲
震庚亥未方	武曲	輔弼	廉貞	破軍	巨門	貪狼	文曲	綠存
坤乙方	破軍	廉貞	輔弼	武曲	綠存	文曲	貪狼	巨門
坎癸申辰方	廉貞	破軍	武曲	輔弼	文曲	綠存	巨門	貪狼
巽辛方	貪狼	巨門	綠存	文曲	輔弼	武曲	破軍	廉貞
艮丙方	巨門	貪狼	文曲	綠存	武曲	輔弼	廉貞	破軍
離壬寅戌方	綠存	文曲	貪狼	巨門	破軍	廉貞	輔弼	武曲
乾甲方	文曲	綠存	巨門	貪狼	廉貞	破軍	武曲	輔弼

도표의 윗칸이 입수入首처인 좌坐인데, 태兌좌가 득수나 파구에서 태兌괘인 정丁·사巳·유酉·축丑 방향을 만나면 보필輔弼이라고 한다. 즉 좌坐와 득파得破가 같은 방위는 보필인데 풍수에서는 그런 경우가 없다. 태兌좌에서 진震괘인 경庚·해亥·묘卯·미未를 보면 무곡武曲이고, 다시 곤坤괘인 곤坤·을乙을 보면 파군破軍이며, 다시 감坎괘인 계癸·신申·자子·진辰을 보면 염정廉貞이고, 다시 손巽괘인 손巽·신辛을 보면 탐랑貪狼이며, 간艮괘인 간艮·병丙을 보면 거문巨門이고, 이離괘인 임壬·인寅·오午·술戌을 보면 녹존祿存이며, 건乾괘인 건乾·갑甲을 보면 문곡文曲이다. 대체로 구성九星 중에서 길하다고 보는 별은 탐랑貪狼·거문巨門·무곡武曲의 삼성뿐이며, 구성의 구체적인 길흉은 다음과 같다.

보필輔弼득수: 보필방위로 물이 들어오면, 총명한 자손이 태어나서 문장에 능하고, 모든 자손이 복을 받는다.

보필輔弼파구: 보필방위로 물이 나가면, 자손과 재물이 부족하고, 고아나 과부가 많으며 집안은 가난해진다.

무곡武曲득수: 무곡방위로 물이 들어오면, 매우 길하니, 부귀가 충만하며 대대로 높은 벼슬이 끊임이 없다.

무곡武曲파구: 무곡방위로 물이 나가면, 매우 흉하니, 어릴 때 전장에서 사상死傷을 당하고 집안은 파산하고 자손은 적다.

파군破軍득수: 파군방위로 물이 들어오면, 모든 자손에 발전이 없고, 사람이 죽거나 상하며, 집안도 망한다.

파군破軍파구: 파군방위로 물이 나가면, 자손도 번창하고 부귀공명을 누린다.

염정廉貞득수: 염정방위로 물이 들어오면, 사람이 상하고 집안은 망하며 관재가 끊이지 않는다.

염정廉貞파구: 염정방위로 물이 나가면, 자손이나 재산에 작은 발전이 있으며, 특히 어느 자손 하나가 무공을 세운다.

탐랑貪狼득수: 탐랑방위로 물이 들어오면, 매우 길하니, 모든 자손이 고르게 발전하여 부귀공명을 누리고, 가족이 번창한다.

탐랑貪狼파구: 탐랑방위로 물이 나가면, 매우 흉하다. 어릴 때 집안이 망하거나, 도박과 사치로 집안을 망친다.

거문巨門득수: 거문방위로 물이 들어오면, 어린 나이에 과거에 급제하며 대대로 집안이 강성하여 부귀를 다 얻는다.

거문巨門파구: 거문방위로 물이 나가면, 집안의 자손이 왕성하지를 못하고, 재산도 흥왕하지 못한다.

녹존祿存득수: 녹존방위로 물이 들어오면, 자손이 적고 재물이 없으며 매사에 성과가 적다.

녹존祿存파구: 녹존방위로 물이 나가면, 모든 자손이 고르게 발전하지만, 작은 벼슬과 작은 부자에 그친다.

문곡文曲득수: 문곡방위로 물이 들어오면, 재주는 뛰어나나 복이 적고, 사치를 좋아하여 도산하고 결국 가족이 흩어지게 된다.

문곡文曲파구: 문곡방위로 물이 나가면, 문장과 예술에 뛰어나 풍류를 즐기고 작은 벼슬과 작은 부자가 된다.

3. 보성수법輔星水法

구성수법九星水法은 입수入首처의 좌坐를 기준으로 득파得破의 구성九星을 판별하는데, 이 보성수법輔星水法은 혈장穴場의 향向을 기준으로 하여서 득파를 판단한다. 따라서 구성수법의 도표에서 좌坐를 향向으로 바꾸어서 적용하면 되고, 그 길흉의 내용은 구성수법과 동일하게 본다. 유명한 황석공黃石公의 번팔괘수법翻八卦水法이라고 전해오고 있다.

제3절 입향立向의 원칙

풍수에서 용龍은 부동이므로 음이라고 하고, 수水는 유동하므로 양이라고 한다. 음인 용과 양인 수水가 교배하면 새로운 생기가 발동할수 있으므로 용龍과 수水의 관계를 조정하는 것이 득기得氣의 요체라고할 수 있다. 그런데 수법水法은 향向이 좌우한다고 말한다. 즉 용법龍法에서도 배향配向이 중요하듯이, 수법에서도 입향立向이 가장 중요하므로, 아무리 용과 수가 좋아도 선택한 방위가 부적절하면 생기와 복덕을얻지 못하고 만다. 이하에서 섭구승 선생의 『이기사결理氣四訣』에나오는 입향론立向論을 인용하여 향법向法을 풀어보기로 한다. 섭선생의 입향론은 물의 내원來源을 기준으로 수기水氣를 거두는 향向을정하는 점이 특징이다.

形局雖由天成 而山向則由人立 苟天成美地 而人一錯其向 則召吉迎福者 反召凶迎禍矣 立向之法 可不講與 夫立向之道 一觀左右旋 二察明堂局 三證之以水口 而後向可不失也

형국形局은 자연이지만, 방향方向은 사람이 정한다. 자연스레 아름다운 터가 있어도 사람이 한번 그 방향을 그르치면, 복을 구하려다반대로 재앙을 부르기도 하니, 방향을 정립하는 방법을 가르치지않을 수가 없다. 방향을 정립하는 방법은, 첫째는 물이 좌우 어디로흐르는지 살피고, 둘째는 명당의 국局을 살피고, 셋째는 물이 흘러나가는 수구水口를 살펴야 한다.

左右旋者 如左水倒右則爲左旋陽氣甲庚丙壬之流行也 右水倒左則 爲右旋陰氣乙辛丁癸之流行也 四陽先天之受氣 後天之長生 皆出于 寅申巳亥 故來源觀寅申巳亥 四陰先天之受氣後天之長生皆出于子 午卯酉 故來源觀子午卯酉 然其來源則爲向方而定也 察明堂而證水 口者 所以定來源而辨向也

'좌선左旋우선右旋을 살핀다'는 것은, 물이 좌측에서 우측으로 흐르면 이것은 좌선左旋으로 양기인 갑甲·경庚·병丙·임壬이 유행流行하는 것이라 하고, 반대로 물이 우측에서 좌측으로 흐르면 이것은 우선右旋 으로 음기인 을乙·신辛·정丁·계癸가 유행流行하는 것이라고 한다. 양인 갑甲·경庚·병丙·임壬은 선천先天의 수기受氣와 후천後天의 장생 長生이 모두 인寅·신申·사巳·해亥 방위에서 나오니, 그 내원來源을 인·신·사·해 방위에서 찾아야 한다. 또 음인 을乙·신辛·정丁·계癸는 선천의 수기受氣와 후천의 장생長生이 모두 자子·오午·묘卯·유酉 방위 에서 나오니, 그 내원來源을 자·오·묘·유 방위에서 찾아야 한다. 그 내원을 살피는 것은 입향立向을 정하려고 살피는 것이니, 즉 명당과 수구水口를 살펴보고서, 그 내원에 따라 방향을 판단한다.

如明堂在南左水倒右是巳午未三向則以寅爲來源 以寅爲來源者 蓋 旣坐亥子丑三山 則亥氣不行而左邊之源必出于寅也 出于寅則 爲庚

之受氣丙之長生 爲庚之先天丙之後天 故以寅爲源 則局非庚必丙也
丙氣易收

만약 명당이 남쪽에 있고 물이 좌측에서 우측으로 흐르면, 이것은
사巳·오午·미未 삼향三向으로서, 인寅방향이 내원來源이다. 대개 해亥·
자子·축丑 삼산三山을 좌坐로 하면 해기亥氣가 유행流行할 수가 없으므
로 좌측의 내원은 반드시 인寅에서 나온다. 인寅에서 물이 나오면
경庚의 수기受氣이거나 병丙의 장생長生이므로, 경의 선천이거나 병의
후천이다. 따라서 인寅이 내원이면 국국局은 반드시 경庚이거나 병丙이
다. 병기丙氣는 거두기가 쉽다.

若欲收庚立巳向則當證之于去口 若水出于午未則爲庚之敗口 出于
申則爲庚借丁之敗口 去此二口 可立庚之生向巳以收之 若不出此二
口則不可用 宜立丙之旺衰向午未以收之

만약 경기庚氣를 거두어서 사향巳向을 세우고자 하면 반드시 거구去口
로서 입증해야 한다. 즉 물이 오午·미未로 나가면 경庚의 패구敗口가
되고, 물이 신申으로 나가면 경庚이 정丁의 패구를 빌린 것이 된다.
이 두 개의 거구로 물이 나가면 경庚의 생향生向인 사巳로 거둘 수
있다. 만약 이 두 개의 거구로 물이 나가지 않으면 사용할 수 없다.
마땅히 병丙의 왕旺·쇠衰의 향向인 오午와 미未향을 세워서 기운을
거두어야 한다.

坐亥子丑三山 則用寅源而收丙庚 若一坐寅朝申 則寅氣又不行而非
丙庚之局 又當以巳而取用矣

해亥·자子·축丑의 삼산三山을 좌坐로 하면 이처럼 인寅을 내원來源으
로 사용하여 병丙과 경庚을 거둔다. 만약 인좌寅坐에서 신申을 바라보
면, 인기寅氣가 유행하지 못하므로 병丙·경庚의 국국이 아니다. 마땅히
사巳를 내원으로 삼아야 하리라.

又明堂在南右水倒左 是午巳辰三向則以酉爲來源 以酉爲來源者 蓋
旣坐子亥戌三山則子氣不行而右邊之源必出于酉也 出于酉則爲乙
之受氣丁之長生 爲乙之先天丁之後天 故以酉爲源則局非乙必丁也
丁氣易收

만약 명당이 남쪽에 있고 물이 우측에서 좌측으로 흐르면, 이것은
오午·사巳·진辰 삼향三向으로서, 유酉방향이 내원來源이다. 대개 자子·
해亥·술戌 삼산三山을 좌坐로 하면 자기子氣가 유행流行할 수가 없으므
로 우측의 내원은 반드시 유酉에서 나온다. 유酉에서 물이 나오면
을乙의 수기受氣이거나 정丁의 장생長生이므로, 을乙의 선천이거나
정丁의 후천이다. 따라서 유酉가 내원이면 국국은 반드시 을乙이거나
정丁이다. 정기丁氣는 거두기가 쉽다.

若欲收乙立午向 則當證之于去口 若水出于巳辰則爲乙之敗口 出于
卯則爲乙借丙之敗口 去此二口 可立乙之生向午以收之 若不出此二

口則不可用 宜立丁之旺衰向巳辰以收之

만약 을기乙氣를 거두어서 오향午向을 세우고자 하면 반드시 거구去口로서 입증해야 한다. 즉 물이 사巳·진辰으로 나가면 을乙의 패구敗口가 되고, 물이 묘卯로 나가면 을乙이 병丙의 패구를 빌린 것이 된다. 이 두 개의 거구로 물이 나가면 을乙의 생향生向인 오午로 거둘 수 있다. 만약 이 두 개의 거구로 물이 나가지 않으면 사용할 수 없다. 마땅히 정丁의 왕旺·쇠衰의 향向인 사巳와 진辰향을 세워서 기운을 거두어야 한다.

坐子亥戌三山 則用酉源而收乙丁 若一坐酉朝卯則酉氣又不行 而非乙丁之局 又當以午而取用矣

자子·해亥·술戌의 삼산三山을 좌좌坐로 하면 이처럼 유酉를 내원來源으로 사용하여 을乙과 정丁을 거둔다. 만약 유좌酉坐에서 묘卯를 바라보면, 유기酉氣가 유행하지 못하므로 을乙·정丁의 국局이 아니다. 마땅히 오午를 내원으로 삼아야 하리라.

凡左旋之水 巳午未三向則以寅爲源 申酉戌三向則以巳爲源 亥子丑三向則以申爲源 寅卯辰三向則以亥爲源 其挨山排向定水源皆以寅申巳亥也

무릇 좌선左旋하는 물이, 사巳·오午·미未 삼향三向이면 인寅이 내원來

源이고, 신申·유酉·술戌 삼향이면 사巳가 내원이고, 해亥·자子·축丑 삼향이면 신申이 내원이고, 인寅·묘卯·진辰 삼향이면 해亥가 내원이니, 풍수에서 물의 내원來源은 인寅·신申·사巳·해亥이다.

右旋之水 午巳辰三向則以酉爲源 卯寅丑三向則以午爲源 子亥戌三向則以卯爲源 酉申未三向則以子爲源 其挨山排向定水源 皆以子午卯酉也

우선右旋하는 물이, 오午·사巳·진辰 삼향三向이면 유酉가 내원來源이고, 묘卯·인寅·축丑 삼향이면 오午가 내원이고, 자子·해亥·술戌 삼향이면 묘卯가 내원이고, 유酉·신申·미未 삼향이면 자子가 내원이니, 풍수에서 물의 내원은 자子·오午·묘卯·유酉이다.

夫旣同此一源 而必分先后天二向者 以生旺二向 各有本干之氣主之 如巳午二向爲庚丙之所主 故南面之局左水倒右 午用丙爲後天 巳用庚爲先天也

무릇 같은 하나인 내원來源이 반드시 선천과 후천으로 두 개의 향向으로 나뉘는 것은 생향生向과 왕향旺向인데, 각각 본간本干의 기氣가 주도한다. 예컨대 사巳·오午 이향二向은 경庚과 병丙의 주主이다. 따라서 남면南面하는 국에서 물이 좌측에서 우측으로 흐르면, 오午는 병丙의 후천後天이고, 사巳는 경庚의 선천先天이다.

其衰向可借者 以源頭無本干之氣來 故隨他干之氣流行 而可隨他干
之氣 如丑山未向左水倒右 亥在坐山之右 則甲氣不行 故隨丙而爲丙
之衰向也

쇠향衰向을 빌리는 것은 내원來源에 본간本干의 기운이 오지 않기
때문이다. 그래서 타간他干의 기운이 유행하는 것을 따라가서 타간의
기운에 따름이다. 예컨대 축산미향丑山未向에 물이 좌측에서 우측으로
흐르면, 해亥가 좌산坐山의 우측에 있으니 갑기甲氣가 흐르지 못한다.
따라서 병기丙氣를 따라가서 병丙의 쇠향衰向이 된 것이다.

總之 來源必用受氣與長生 四冲之法也 立向必分生旺衰 三合之法也
四冲列于四方 而金木水火之位 定體也 三合帛于三方 而金木水火之
氣 行用也 體爲水源 用以收之 此不易之妙也

총정리해 보면, 내원來源은 반드시 수기受氣이거나 장생長生이니 사충
四冲의 법이다. 입향立向은 반드시 생生·왕旺·쇠衰로 나뉘는데 삼합三
合의 법이다. 사충이 사방에 나열하니 금목수화金木水火의 위치가
바탕을 정定하고, 삼합이 삼방에 자리하니, 금목수화金木水火의 기운
이 작용을 펼친다. 바탕은 수원水源이고, 작용은 거둠이니, 이것은
바꿀 수 없는 묘법이다.

若不知此 以罔知來源去路 冒昧立向 當用先天反用後天 當用後天反
用先天 則皆天成之形局逆五行之運行 而欲召吉迎祥也得乎 此人事

之失非天也 此天地人之不可缺一也

만약 이러한 이치를 알지 못하고, 내원來源과 거로去路를 모르고, 무리하게 입향立向하여서, 선천先天을 쓸 곳에 반대로 후천後天을 쓰거나, 후천을 쓸 곳에 반대로 선천을 쓴다면, 모두 하늘이 이룬 형국形局을 오행五行의 운행이 거스른 것이니, 설령 길상吉祥을 바란다고 하더라도 얻어 지겠는가! 이것은 인사人事의 실수지 하늘의 실수가 아니다. 이것이 천지인天地人 삼재三才에서 하나도 빠트려서는 안 된다는 이야기이다.

제4절 선천先天과 후천後天

正局之生旺墓者 猶人之少長死 旣出胎之初中末也 爲後天之局其理易明 若夫先天之局 以交媾受氣爲始 成胎爲中 旣生而沐浴爲末 此受胎之初中末也 其理幽而難識

금목수화金木水火 사국四局의 생생生生·왕旺·묘묘墓는 사람의 소소少·장長·사死와 같다. 출생한 사람의 초初·중中·말末은 후천後天이 국국局이므로 그 이론이 쉽고 분명하다. 그러나 선천先天의 국국局은 교구交媾할 때에 수기受氣함이 시작이고, 태반胎盤이 형성되는 것이 중간이고, 출생하여 목욕沐浴하는 것이 끝이다. 이것은 수태受胎의 초·중·말인데, 그 이론이 그윽하여 알기 어렵다.

蓋一人之身 有未生已生二局 未生以十月爲一局 已生以百年爲一局 未生則生而局完矣 已生則死而局完矣 二局各有始終 故先後天各有其法也

대개 사람의 몸에는, 태어나기 전인 미생未生과 태어난 후인 이생已生의 두 가지 국면局面이 있다. 미생은 10개월이 한 판이고, 이생은 백년이 한 판이다. 미생은 출생하면 완성되고, 이생은 죽으면 완결된다. 이렇게 두 경우 모두 시종始終을 갖추고 있으니, 선천과 후천은 각각 그들의 법칙이 있다.

先天之局以絶方爲受氣 故以絶方爲源 以長生爲向 以沐浴爲去口 絶方何以云受氣也 蓋陰陽不交則無生氣 陰陽旣交則生氣流行 四墓之地陰陽交媾之竇也 墓之左爲陽干絶位 則陽干受氣之始也 墓之右爲陰干絶位 則陰干受氣之始也 故古人以絶位小長生 蓋自受氣而成胎 自成胎而養胎 胎養成而長生 旣生而沐浴 則後天之事起 而先天之事完矣

선천先天의 국국은 절絶방향이 수기受氣이고, 장생長生방향이 향向이 되고, 목욕沐浴방향이 거구去口가 된다. 절방향이 어떻게 수기냐? 대개 음양이 교접하지 않으면 생기가 없다. 음양이 교접하면 생기가 유행한다. 진辰·술戌·축丑·미未라는 사묘四墓는 음양이 교구하는 구덩이다. 묘墓의 좌측은 양간陽干의 절絶방위로서, 양간陽干이 수기受氣하는 시초가 된다. 묘의 우측은 음간陰干의 절방위로서, 음간陰干이 수기하는 시초가 된다. 그런 까닭에 고인이 절방위를 소장생小長生이라고 했다. 대개 수기受氣하면 태반胎盤을 이루고, 태반이 이루어지면 태아가 양성養成되고, 태아의 성장이 완성되면 장생長生한다. 태어나고 목욕을 시키면 후천의 일이 시작되면서, 선천의 일은 완결된다.

故水法亦有先後二天之局 後天以長生爲始 故必取生水上堂 以墓方爲終 故必以墓方爲去口 先天以受氣爲始 故必取絶水上堂 以沐浴爲終 故必以沐浴爲去口 合此二局者 無不發福 背此二局者 無不生凶 蓋逆二天之序則凶 順二天之序則福 理所必然也 二天各有終始 故始皆宜來 終皆宜去 非有二理也

따라서 수법水法에도 선천과 후천이 있다. 후천後天은 장생長生이 시작이므로, 반드시 장생방향의 물을 취하여 상당上堂하게 하고, 묘방墓方이 종착이므로 반드시 묘방을 거구(去口: 破口)로 삼는다. 선천은 수기受氣가 시작이므로 반드시 절絶방향의 물을 취하여 상당上堂하게 하고, 목욕沐浴이 종착이므로 반드시 목욕방향을 거구로 삼는다. 이두 가지 국면에 합치되면 반드시 발복한다. 반대로 두 가지 국면에 배치되면 반드시 재앙이 있다. 선후先後 이천二天의 질서에 배치되면 흉하고, 선후 이천의 질서에 순응하면 복이 온다. 이치가 반드시 그러하니, 이천二天에 각각 종시終始가 있는 것이다. 따라서 시작은 모두 래來함이 마땅하고, 마침은 모두 거去함이 마땅하니, 두 가지 이치가 있을 수 없다.

然欲辨其爲何局者 當先觀其水口 水出墓口則知其爲後天局也 當用
旺衰二向 以受長生之來源水出沐口 則知其爲先天局也 當用八干生
向 以受受氣之來源

그러나 선천과 후천을 구별하려면, 마땅히 먼저 그 수구水口를 보아야
한다. 물이 묘구墓口방향으로 빠지면 그것은 후천이므로 마땅히 왕향旺
向과 쇠향衰向 두 곳으로 입향立向하여 장생長生방향에서 흘러들어온
수기水氣를 받아야 한다. 또 물이 목욕방향으로 빠지면 그것은 선천이
므로 마땅히 생향生向으로 입향立向하여 절지絶地인 수기방향에서
흘러들어온 수기를 받아들여야 한다.

如左水倒右過堂斜去出右甲丙庚壬口者 四陽干之沐口也 則當用四
維 四陽干之生向以收之 右水倒左過堂斜去出右乾坤艮巽口者四陰
干之沐口也 則當用四正 四陰干之生向收之

만약 물이 좌측에서 우측으로 흐르면서 명당을 지나서 비스듬히 갑甲·
병丙·경庚·임壬의 수구水口로 빠지면 사양간四陽干의 목구沐口이니,
마땅히 건乾·곤坤·간艮·손巽인 사유四維방향으로 입향하여 사양간의
생향生向으로 수기水氣를 거두어야 한다. 또 물이 우측에서 좌측으로
흐르면서 명당을 지나서 비스듬히 건·곤·간·손의 수구로 빠지면 사음
간四陰干의 목구沐口이니, 마땅히 자子·오午·묘卯·유酉인 사정四正방
향으로 입향하여 사음간의 생향生向으로 수기를 거두어야 한다.

제5절 정고正庫와 차고借庫

乙丙趨戌 辛壬趨辰 斗牛納丁庚 金羊收癸甲 八干納于四墓 則水法止
有四庫也 而何以又有借庫之法乎 抑知正庫者 同冠同墓 乙冠于辰
丙亦冠于辰 故乙丙陰陽相配而同墓于戌也

을乙과 병丙은 술戌로 모이고, 신辛과 임壬은 진辰으로 모이고, 축丑은
정丁과 경庚을 거두고, 미未는 계癸와 갑甲을 거둔다. 팔간八干이 사묘四
墓에 모이니, 수법水法에는 사고四庫만 있을 뿐이다. 그런데 어떻게
차고借庫하는 법法이 있는가? 무릇 정고正庫는 동관동묘同冠同墓를
말하니, 을乙이 진辰에서 관대冠帶가 되는데 병丙도 역시 진辰에서
관대이니, 을과 병은 음양이 상배相配하여 같이 술戌에서 묘墓가 된다.

借庫者 衰方也 衰何以爲借庫耶 遇同養之陰陽也 如丙養于丑 辛亦養
丑 同養者年相若 非若一老一少之不可配合 故丙左旋 辛右旋 相遇于
未 雖不若生旺互用之眞夫婦 而亦可配可合之路夫處也 乙丙同墓 故
爲墓合 丙辛同養 故爲三合 旣陰陽之相遇 復情好而相合 焉得無生育
之功哉

차고借庫는 쇠방衰方인데, 쇠방이 어떻게 차고가 되는가? 동양동쇠同
養同衰하는 음양이기 때문이다. 병丙은 축丑에서 양養이 되고, 신辛도
축에서 양養이 되니, 동양同養은 연배가 같다는 뜻이다. 음양이 하나는
늙고 하나는 젊으면 배합配合이 안 되지만, 연배가 같으면 배합할

수가 있다. 병丙과 신辛이 미未에서 서로 만나면, 비록 생왕生旺을 같이 하는 진짜 부부는 아니지만, 음양의 배합이 가능한 노상路上의 부처夫妻는 될 수 있다. 즉 을乙과 병丙은 동묘同墓이니 묘합墓合이 되고, 병丙과 신辛은 동양同養이니 삼합三合이 된다. 음양이 이미 서로 만나서, 다시 정情이 좋고 상합相合한다면, 생육生育하는 공적功績이 없을 수 없다.

夫去口主人丁 故取陰陽之相交 若陰陽不交則水不流去 今旣交矣 水 何可不去乎 此庫之所以可借也

무릇 거구去口는 인정人丁을 위주로 하는데, 음양이 상교相交하는 이치 를 취한 것이다. 만약 음양이 상교하지 않으면 물이 흐르지 않는다. 지금 이미 상교한다면 물이 어찌 흘러가지 않겠는가! 이것이 고庫를 빌릴 수 있다는 이치다.

제4장 사법砂法과 입향立向

제1절 사법砂法의 개관

풍수에서 용龍과 사砂는 모두 산을 관찰하는 방법인데, 내룡來龍을 다루는 용법龍法이 가장 중요하다. 따라서 사격砂格은 내룡을 제외하는데, 주로 명당 주위의 봉우리를 참작하는 것을 말하며, 이때에는 6층 중침中針을 사용한다. 먼저 좌우로 청룡靑龍과 백호白虎의 방향을 보고, 전후로 주작朱雀과 현무玄武를 먼저 살펴야 한다. 용호龍虎가 배대가 없고 작무雀武가 균형을 잃으면 그 혈장穴場은 문제가 있으니 피하는 것이 좋다.

다음에는 혈장穴場의 주위에 있는 봉우리와 큰 바위의 배열配列에서 길신吉神과 흉살凶殺을 구별하고,[76] 악살惡殺은 피살避煞하거나 장살藏煞하도록 살펴야 한다. 그리고 횡룡橫龍이 결혈結穴한 경우에는 반드시 혈 뒤에 보이는 귀산鬼山이 혈장을 보호하는지도 살펴보아야 한다.

제2절 주작朱雀과 배향配向

일반적으로 지사地師들이 중시하는 사격砂格원칙 중에는 주작朱雀인 안산案山과 조산朝山의 배합配合에 대한 원칙이 있다고 한다. 즉 혈처穴處에서 보이는 안산案山의 봉우리가 너무 고대高大하면 명당의 기운이 위축되기 쉬우니 적당한 크기와 거리를 두고 있어야 하며, 그것이 어려우면 방향을 돌려 잡아야 한다. 또, 주작朱雀이 단봉單峰이면 그 단봉의 정상을 향하고, 삼봉三峰이나 오봉五峰이면 그 가운데 봉우리를 향한다고 한다. 그리고 쌍봉雙峰이나 사봉四峰이면 가운데 두

---

76 섭구승葉九升은 『나경지남발무집羅經指南撥霧集』에서 투지60룡과 천산72룡에서 나오는 60갑자甲子에 64괘를 배대하여, 사격砂格의 길흉은 육효점六爻占의 육친六親으로 판단하는 방법을 권장하고 있다.

봉우리의 중간을 향한다고 하는데, 만약 쌍봉이 서로 떨어져 거리가 있는 경우에는 잘못 그 골짜기를 향向으로 잡을 수가 있으니, 주의해야 한다. 골짜기가 전후에 보이면 그곳은 결코 길지가 못 된다는 것은 상식에 속한다.

제5장 장택론葬擇論

풍수학의 이기론理氣論은 원래 입향立向에 대한 시공간 이론이므로, 좌향坐向과 상충상극相冲相剋하는 시간을 피하는 것도 중요하다. 특히 택일擇日에 따라서 후천적으로 길흉을 바꿀 수 있다는 중국의 장택이론 葬擇理論은 우리의 상례와 혼례를 비롯하여 신축과 이사에도 깊숙이 자라잡고 있다. 그러다 보니, 근거도 없는 '손없는 날'이나 복단일伏斷日 같은 미신들이 국민정서를 파괴하는 현상까지도 보이고 있다. 학문과 미신 정도는 구별할 수 있어야 문명사회에 사는 사람이라고 할 수 있지 않을까 싶다.

명明나라에서 발달한 장택론葬擇論이 우리나라 조선시대에 계수되었는데, 그 대표적인 서적이 『천기대요天機大要』이다. 원래는 명나라의 임소주林紹周의 저서인데, 조선 효종孝宗 때에 성여춘이 개찬改撰한 것을 영조英祖 때에 지백원, 지일빈 등이 증보增補한 책으로 근세近世의 풍수학에서는 교과서 역할을 한 책이다. 그 책에서 가장 애용되는 부분이 만년도萬年圖인데, 좌坐에 따르는 당년當年의 신살神煞이 무엇인지 자세하게 나와 있다. 그런데 『천기대요』에 적힌 신살의 종류가 너무 많아서 정작 취사선택을 망설이게 되는데, 참고할 만한 것은, 삼살三殺과 태세太歲에 대한 설명이다. 즉 "삼살구퇴三殺灸退는 가향불가좌可向不可坐요. 태세太歲부천浮天은 가좌불가향可坐不可向이다"고 하는 구절은, 예로부터 우리나라 지사地師들이 자주 인용하던 부분이다. 또 시간 개념을 중심으로 매장埋葬하는 일시를 결정할 때에, 반드시 『책력冊曆』을 참고하여 장례 일자와 하관시下棺時를 선택하는 풍습이 있다. 시중에서는 중상일重喪日·중일重日·복일復日을 피하고, 주로 황도일시黃道日時를 선호하고 있다. 그러나 대표적인 길신吉神인 천월덕天月德·천을귀인天乙貴人을 사용하여 일시를 선택하는 사람도 있다. 또 망자의 생년生年과 반음反吟이나 복음伏吟이 되는 시간은 피하는 것이 관례이다. 또 하관下棺할 때에는 당해 년도나 월일 및 좌향坐向과 반음·복음이 되는 생년인 사람들은 그 자리를 피하게 하는 것이 오랜 관례이다.

제4편

여론
餘論

제1장 수맥론水脈論

현대 풍수지리학의 공헌은 새롭게 수맥水脈의 존재를 밝힌 것이라고 할 수 있다. 지상의 수水에 대해서는 전통적인 수법水法에서 자세하게 밝혔으나, 지중地中의 수맥에 대해서는 전통적인 풍수학의 수법에서 언급한 것이 전무한 상태이다.

"지하에도 수맥이 있어서 물이 흐른다"는 사실은 이제는 상식이다. 흔히 튼튼한 건물의 벽에 금이 가거나, 바닥이 갈라지거나, 또 산소에 입힌 잔디가 마르거나 흙이 움푹 파이는 경우에 우리는 수맥과 수맥파의 존재를 인정하게 된다. 이 수맥에서 모종의 기운이 발생하여 단단한 토석土石을 뚫고, 그 파장波長이 지중과 지상의 물체에도 강력한 영향을 준다는 것이 수맥론의 주요 내용이다. 따라서 혈의 아래에 수맥이 지나가면 흉凶한 것은 말할 필요가 없다.

그런데 이러한 수맥이 지나는 통로는 시절에 따라 변하기 때문에, 가변적인 성격이 강하여서 지리학地理學의 전통적인 형기形氣이론이나 이기理氣이론에서 취급할 수가 없다. 따라서 수맥을 찾아내는 작업은 지리학에서 따로 독립된 분야로 다루어야 할 것이다.

수맥을 찾는 방법으로는, 일찍이 서구에서 사용한 전통적인 방법인 버드나무 끝가지를 이용한 탐색법이 있었다. 그런데 오늘날에는 '엘로드'라는 간편한 도구를 만들어서 수맥을 찾아내는 전문가들을 주위에서 많이 볼 수 있다. 따라서 그 분야에 대한 설명은 그들에게 맡기고,

여기에는 생략한다.

제2장 최신 학설

요즘 '자생풍수自生風水'라는 새로운 용어가 자주 인구에 회자된다. 넓게 보면 풍수학風水學에 속하는 이야기같은데, 원래 풍수이론이 그 지역에서 자생했다는 뜻으로 사용하는 것 같다.

또 대만에서 시작하여 유행하는 현공풍수玄空風水이론도 새로운 이론이다. 세월 따라 구궁九宮 기운의 흐름이 규칙적으로 바뀐다는 이론으로, 좌향坐向의 길흉이 세월 따라 변한다고 설명한다. 종래의 풍수지리에도 지각변동이나 지진으로 좌향의 길흉이 바뀌는 것은 형세가 변하였으니 당연한 사항이다.

그러나 형세가 그대로인데도, 시간이 흐르면서 형기이론이나 이기이론에 정정 사항이 생겨서 좌향의 길흉이 세월 따라 변한다는 이론은 최신 학설이다. 내용상으로는 물의 흐름이 변동한다는 수맥이론과 같이 시간의 흐름이 지기를 변화시킨다는 이론이므로, 광의의 풍수학에 속한다고 볼 수 있다.

모든 학문은 시대가 변함에 따라 변화 발전한다. 풍수지리학風水地理學 분야에도 새로운 관점과 이론들이 나타나는 것은 당연한 현상이다. 이러한 새로운 이론들이 과학적으로 검증이 된다면 당연히 풍수지리학의 범위에 포함되어야 할 것들이다. 이런 최신 학설들의 등장은, 한동안 고리타분하게만 여기던 풍수학에 신선한 바람을 불어 넣어주는 반가운 소식들이라고도 하겠다. 정립된 새로운 학설의 출현을 기대해 본다.

발문跋文

전통적인 천문학天文學과 지리학地理學에 조예가 깊었던 탄허呑虛스님
은 "풍수지리학은 사멸死滅되지 않고 더욱 발전할 것이다."라고 하시면
서, 그 학문적인 중요성을 강조하셨다. 특히 도시계획이나 아파트설계
와 같은 큰 공사는 반드시 풍수지리에 맞게 진행할 필요가 있다고
말씀하신 기억이 아직도 생생하다.

성균관成均館에 출입하시던 유의儒醫인 김귀현金貴鉉 선생의 소개로
백남수白南守 선생을 자택으로 처음 찾아뵌 것은 1970년도 말이었다.
당시 건축학 교수인 장백기張百基 교수를 백 선생에게 소개한 것도
그 즈음이다. 처음에는 장 교수와 같이 백 선생 댁을 드나들면서
풍수지리학 수업을 참관했지만, 그 후에 장지에도 동행을 하다 보니,
명풍名風의 진면목을 구경할 기회를 얻었었다. 세월이 흘러 두 분
선생님은 타계하셨고, 장 교수와 나도 벌써 정년퇴직을 했다.

평소 풍수학의 이론에 맞는 건축설계에 관심이 많았던 장 교수가
후학들을 위하여 지리학 입문서를 내고자 하여, 조금이라도 보탬이
되었으면 하는 생각에서 공저共著하기로 하였다. 그래서 오행五行이론
에 취미가 있는 내가 후반부인 이기편理氣篇을 맡게 되었다. 오랜만에
섭구승 선생의 『이기사결』을 들추어 보면서 이기론 중에서 기본원리만
대강 발췌하여 정리해 보았다.

정작 정리작업을 시작하였으나, 생각보다 이기론理氣論의 내용이 많아서, 입문서에 해당하는 내용만을 간추려 초역抄譯하는 작업도 만만치가 않았다. 자세한 내용은 다음 기회에 다시 정리하기로 하고, 초학자가 반드시 알아두어야 할 내용만 우선 간단히 소개하였다. 장 교수의 출판 의도에 다소라도 도움이 되었다면 더 바람이 없겠다.

갑오년 9월 부산에서

야청也青 황정원黃鉦源

일지一地 장백기張百基

1951년생. 경남중등학교, 부산대학교 건축공학과를 졸업하였다. 부산과학기술대학교 건축과 교수로 봉직하였고, 현재 부산과학기술대학교 평생교육원 교수이다. 80년대에 취은醉隱 백남수白南守 선생 문하에서 풍수학을 사사師事하였으며, 대구한의대학교 풍수지리학과 및 대학원 풍수지리전공 강사 및 동의대학교 대학원 철학과 풍수지리전공 강사를 역임하였다.

야청也靑 황정원黃鉦源

부산중등학교, 서울대학교 법과대학을 졸업하였다. 한국해양대학교 법학부 교수로 봉직하였고, 현재 한국해양대학교 명예교수이다. 60년대 후반에 탄허呑虛 스님 문하에서 주역周易을 사사師事하였으며, 70년대 후반에는 유의儒醫 김귀현金貴鉉 선생 문하에서 풍수학을 사사하였다.

풍수지리요강

초판 1쇄 인쇄 2014년 9월 29일 | **초판 1쇄 발행** 2014년 10월 6일
장백기 · 황정원 공저 | 펴낸이 김시열
펴낸곳 도서출판 자유문고
　　　서울시 영등포구 선유로 49 미주프라자 B1-102호
　　　전화 (02) 2637-8988 | 팩스 (02) 2676-9759
ISBN 978-89-7030-081-8　03180　　값 13,000원
http://www.jayumungo.co.kr